Vær fullkommen!
– men hvordan?

Oppdag byggesteinene som Guds kraft sørger for.

D e r e k   P r i n c e

VÆR FULLKOMMEN – MEN HVORDAN?

© 2012 by Derek Prince Ministries–International

Originaltittel: Be Perfect – But How?

© 2014 DPM Norge

PB 129 - Loddefjord

5881 Bergen

www.derekprince.no

Oversatt & utgitt av Derek Prince Ministries Norge

Grafisk produksjon og trykk: Lightening Source UK Ltd

ISBN: 978-82-92373-41-5

Produkt kode: B 113

Alle skrifthenvisninger er fra Bibel Forlaget: Bibelen – Guds ord 2007, med mindre annet er angitt.

Denne boken er satt sammen av Derek Prince Ministries redaksjonsteam fra det omfattende arkivet av Derek Princes upubliserte materiale.

Oversettere:	Tor S. Grindheim & Janne G. Torsvik
Korrektur:	Ragnar Hasting
Administrasjon:	Sverre Kristoffersen

INNHOLD

Innledning

En av de enkleste befalingene Jesus noensinne gav, kan uttrykkes i to ord: "Vær fullkommen". Denne befalingen er enkel i antall ord, men det er slett ikke så enkelt å gjennomføre den - bare to direkte ord.

Jesus sa ikke *forsøk* å være fullkommen, han sa vær fullkommen. Han ba oss ikke om å *forsøke* å adlyde hans bud. Han sa ikke at vi skulle *forsøke* å elske våre fiender, han sa elsk deres fiender. Hvorfor? Fordi han visste at hvis vi bare skal stole på vår egen evne til å være fullkommen, kan vi like godt gi opp i frustrasjon og nederlag. Det er umulig.

Der nåden begynner

Du forstår at alle kravene i det Nye Testamente er basert på Guds nåde - nåde som er gjort tilgjengelig for oss gjennom Jesus Kristus. Jeg har sagt det mange ganger og jeg sier det igjen: Nåde begynner der menneskelige evner slutter. Hvis vi kan gjøre noe i vår egen styrke, vår egen visdom eller vår egen rettferdighet, trenger vi ikke Guds nåde. Men når vi kommer til slutten av det vi kan gjøre, kommer vi til nådens begynnelse.

Gud sier: "Min nåde er nok for deg " 2 Kor 12:9. Tror du det? Tror du virkelig at hans nåde er nok? Tror du den vil sette deg i stand til å gjøre alt det han har sagt du skal gjøre?

I dette hefte vil vi lære at det bare er ved nåde vi kan adlyde Jesu enkle befalinger. Det er bare av nåde at vi kan "være fullkommen".

KAPITTEL 1

Hva betyr det å "være fullkommen"?

La oss begynne dette studiet med å se på det Jesus sa. I Bergprekenen sier han:

> *«Derfor skal dere være fullkomne, slik som deres Far i himmelen er fullkommen.»* Mat 5:48

Mange har forsøkt å forklare ordet fullkommen, noe som ofte avviker fra ordets egentlige betydning. Men målestokken som Skriften gir oss fjerner enhver tvil om hva Jesus sa. Vi skal være like fullkomne som vår Far i himmelen er fullkommen.

Ser vi denne befalingen i sammenheng med noen tidligere vers, finner vi to sannheter. For det første, fullkommenhet i denne forstand betyr at vi opptrer rett - ikke bare ovenfor noen mennesker, men ovenfor alle. Og for det andre kan det oppsummeres i ett ord – kjærlighet. Fullkommenhet og *kjærlighet* kan ikke atskilles.

La oss lese de forutgående utsagnene fra Jesus i Mat 5:43-45:

> *«Dere har hørt det er sagt: 'Du skal elske din neste og hate din fiende'. Men jeg sier dere: Elsk deres fiender, velsign dem som forbanner dere, gjør godt mot dem som hater dere, og be for dem som ondskapsfullt utnytter dere og forfølger dere. Slik skal dere være som barn av deres Far i himmelen. For han lar sin sol gå opp over onde og gode, og han lar det regne over rettferdige og urettferdige.»*

La meg spørre deg: Tar du det seriøst? Du forstår, Gud er

fullkommen i sin handlemåte med alle; med onde mennesker og med gode mennesker. Han er fullkommen i enhver henseende og under alle forhold.

«For dersom dere elsker dem som elsker dere, hvilken lønn har dere da? Gjør ikke til og med tollerne det samme? Og dersom dere bare hilser på deres brødre, hva mer enn andre gjør dere da? Gjør ikke til og med tollerne det samme? Derfor skal dere være fullkomne, slik som deres Far i himmelen er fullkommen.» Versene 46-48

For å forstå betydningen av fullkommenhet, finner jeg det nyttig å tenke på eksempelet med en sirkel. Sirkler opptrer i alle størrelser, dimensjoner og diametere. Men uansett hvor liten en sirkel er, kan den likevel være en fullkommen sirkel. Fra dette bildet ser jeg Gud som den store, fullkomne sirkelen som omslutter universet. Vi har ikke den samme storhet eller makt til å omslutte hele universet, men hver av oss kan, på vår tildelte plass, være en liten, fullkommen sirkel. Poenget mitt er, at du ikke trenger å være stor for å være fullkommen.

Modenhet og fullstendighet

Ordet *fullkommen* består av to beslektede aspekter. Det ene er modenhet, og det andre er fullstendighet. For å være fullkommen, må du forene begge egenskaper.

Forsøk å se for deg et lite grønt eple på en grein. Det er lite, rundt, grønt og hardt. På en måte er det fullkomment fordi det er ingenting galt med eplet. På en annen side er det ikke fullkomment, fordi det ikke er modent.

Eller tenk deg en gutt på tolv år som er helt frisk og fysisk i god stand. I likhet med eplet, er han fullkommen, men han har ennå ikke nådd modenhet. På den annen side kan en voksen mann på 40 år være moden, men hvis han har mistet en finger, er han ikke er fullstendig. Fullkommenhet omfatter både modenhet og fullstendighet. Selvsagt innebærer dette en prosess.

La oss se nå på noen få skriftsteder som underviser oss om

disse aspektene ved å bli moden og fullstendig. Et godt sted å begynne vår søken er i Rom 5:5, hvor Paulus kommer med en av disse forbløffende uttalelsene som er vanskelig å forstå fullt ut:

Guds kjærlighet er blitt utøst i våre hjerter ved den Hellige Ånd som ble gitt oss.

Vi hører dette verset ofte sitert, men jeg lurer på om vi virkelig fullt ut forstår betydningen? Paulus sier ikke en del av Guds kjærlighet, men *Guds kjærlighet* – hele Guds kjærlighet – er utøst i våre hjerter. Han gjør det også klart at denne kjærligheten ikke bare vil bli utøst, men er blitt utøst ved den Hellige Ånd. Jeg tror at hver den som er døpt i Ånden mottar denne utgytelsen av Guds kjærlighet, og noen ganger har jeg sett folk oppføre seg på de merkeligste måter som et resultat av dette.

For noen år siden var det en presbyteriansk eldste i en menighet hvor min kone, Lydia, og jeg gjorde tjeneste. Han var det du kan kalle en klassisk presbyterianer, en meget fin gentleman, verdig og behersket. Men han tørstet etter dåpen i den Hellige Ånd. Lydia og jeg begynte å be for ham, og da Lydia la hånden på ham, mottok han dåpen. En liten stund nøt han Guds nærvær i stillhet. Men så hoppet han opp og omfavnet min kone! Jeg tror ikke at han noen sinne kom over det! Guds kjærlighet hadde plutselig blitt utøst i ham, og han gjorde det første som kom opp i hans tanker – som tilfeldigvis var å omfavne Lydia.

Jeg tror det gjelder for alle som blir døpt i den Hellige Ånd. Potensielt har vi fått Guds kjærlighet utøst i våre hjerter ved den Hellige Ånd. Når det skjer, kan det flyte over og gi noen overraskende resultater.

Men en ting er at den utøses; noe annet er det at den arbeider med oss. Den første opplevelsen er strålende. Noen ganger, når et menneske opplever denne fylden av Guds kjærlighet, kan han ikke forestille seg at han noensinne ville ha noen flere problemer. En gang det var noen som spurte min venn, Bob Mumford: «Hva er beviset på dåpen i den Hellige Ånd?», svarte han: «Problemer!» Så hvis du bare er i de tidlige stadier av den dynamiske aktiviteten til den Hellige Ånd i livet ditt, la meg advare deg – å motta dåpen er bare den innledende fasen, det vil komme mye mer.

Denne vidunderlige kjærligheten som har blitt utøst i deg – guddommelig, fullstendig, fullkommen – må nå få arbeide i deg. Et skriftsted fra Filipperbrevet er svært nyttig i denne forbindelse:

Derfor, mine kjære, slik dere alltid har vært lydige, ikke bare da jeg var hos dere, men mye mer nå ved mitt fravær, så arbeid på deres egen frelse med frykt og beven! For det er Gud som virker i dere både å ville og å virke for hans gode vilje.   *Fil 2:12-13*

Legg merke til de to uttrykkene, *arbeid på* og *virksom i*. De hører sammen. Gud *virker i* oss så vi kan arbeide på, eller med det som Gud allerede har virket i oss. Hvis Gud ikke virket det i oss, hadde vi heller ikke noe å arbeide på. Men hvis vi ikke arbeider på det, kan ikke Gud virke mer i oss.

Jeg håper at du få tak i dette viktige punktet. Det arbeidet vi kan utføre, begrenses av det Gud kan virke i oss. Hvis vi slutter å arbeide på det som Herren har gjort i oss, er det ingen grunn for Gud til å fortsette å virke i oss. Men hvis fortsetter å arbeide på, vil Gud fortsette å virke i. Initiativet kommer fra Gud, som det alltid gjør. Men å utføre det er vårt ansvar.

Selv Jesus ble fullkommengjort

I Rom 8:9 finner vi disse ordene fra Paulus:

Hvis noen ikke har Kristi Ånd, hører han ikke ham til.

Jeg forstår dette slik at når vi blir født på ny, får vi Kristi Ånd. Kristi natur blir født i oss ved den nye fødsel – men så må den bli omsatt i handling.

Det forteller oss at det settes i gang to prosesser ved den nye fødsel. For det første tror jeg hver og en av oss mottar Kristi natur. For det andre må den bli en del av vår karakter – det er en utviklings-prosess.

Det er interessant at dette var noe Jesus selv erfarte. Det er et bemerkelsesverdig skriftsted i brevet til Hebreerne som klargjør dette:

Og selv om han var Sønn, lærte han lydighet ved det han led. Og etter at han var blitt fullendt, ble han opphavsmann til evig frelse for alle dem som lyder ham.   Heb 5:8-9

Forunderlig nok måtte selv Jesus bli fullkommengjort. Han var ikke ufullkommen, men Jesu vakre natur måtte formes i hans karakter. Den ble utformet ved et karaktertrekk som er det samme for oss alle. Nøkkelordet i Heb 5:8 er *lydighet.* Du kan også si at «lidelse fører til lydighet» eller «lydighet fører til lidelse», men grunnleggende er det ingen annen måte. Jeg er glad for at ordet "lide" dukker opp her, ellers kunne jeg ha gitt deg et altfor enkelt bilde.

Jesus *lærte* lydighet, og det er bare én måte å lære lydighet på. Vet du hva det er? Det er ved å adlyde. Selv Jesus måtte lære det. Han var aldri ulydig; det var aldri i hans tanke å være ulydig. Men du kan ikke lære lydighet uten å adlyde. Går du med på at det er sant? Hvis du for tiden har noen vanskeligheter, husk bare på at du er i ferd med å lære lydighet. Det er ingen annen måte å lære lydighet på enn å adlyde.

Slik er det også med utholdenhet. Det er ingen annen måte å lære utholdenhet på enn å holde ut. Det er vel og bra å vite det teoretisk, men det må komme til syne i din karakter.

Lære å elske

For mange år siden jeg ble konfrontert med kjærlighetens forbindelse med fullkommenhet og lydighet. Jeg vokste opp som enebarn. Jeg hadde ingen brødre eller søstre. Følgelig hadde jeg en tendens til å bestemme alt selv. En mine venner sa en gang om meg at jeg var det mest selvhjulpne menneske han noensinne hadde møtt.

Jeg var ikke vant til å ta hensyn til andre. Jeg gjorde som jeg ville. Jeg var vellykket, både når det gjaldt utdannelse og på andre måter, men jeg hadde aldri lært å gi etter for noen, "dele lekene mine" med noen, fordi jeg ikke hadde noen å dele dem med. Jeg gikk gjennom det gamle, tradisjonelle britiske utdannelsessystemet, som innebærer konkurranse, konkurranse, konkurranse – avlegge eksamener, bli best i klassen og komme seg videre.

Da jeg ble kjent med Herren Jesus, ble jeg konfrontert med disse sannhetene som jeg nå deler med deg. For første gang innså jeg at jeg lå langt etter mange mennesker når det gjaldt å elske, dele med andre og å opptre uselvisk. Jeg søkte virkelig Herren og sa: «Gud, hva skal jeg gjøre med dette?" Jeg tror Herren ga meg et meget enkelt svar, som jeg vil dele med deg. Det står i 1 Joh 2:5:

Men den som holder hans ord, i ham er i sannhet Guds kjærlighet blitt gjort fullkommen. Ved dette vet vi at vi er i ham.

Jeg så at det er to sider ved dette skriftstedet. (Bibelen sier i Heb 4:12 at Guds ord er et tveegget sverd, og dette spesielle skriftstedet er tveegget). For det første, beviset på at du elsker Gud er at du holder hans ord. Jesus sa: «Den som har mine bud og holder dem, han er det som elsker meg» Joh 14:21. Bedra ikke deg selv – du elsker ikke Gud mer enn du adlyder hans ord. Lyder du ikke hans ord, har du slutter å elske Gud. Beviset på at du elsker Gud er at du adlyder hans ord.

For det andre, er det dette at Guds Ord skal bli fullkommengjort i deg. Det er ikke bare det at du elsker ham ved å adlyde hans ord, men det er også måten Guds kjærlighet blir gjort fullkommen i deg på. Ordet "elske" i dette skriftstedet er agape på gresk. Det er ikke en følelse. Det er ikke det at du føler kjærlighet. Agape-kjærlighet er snarere noe som arbeider på dypet med din karakter og uttrykkes ved måten du lever på.

Så jeg sa til meg selv: «Jeg kan ikke alltid føle kjærlighet, men jeg kan adlyde Guds ord.» Og det har vært mitt prinsipp siden den gang. (Jeg vil la andre bedømme om jeg har lyktes.) Min måte å søke Guds kjærlighet på er å adlyde hans ord.

Da jeg ble omvendt, fikk jeg et nytt syn på Bibelen. Jeg hadde vært en utøvende filosof og hadde studert mye, også forskjellige språk. Men da sa jeg til meg selv: «Bibelen er boken som har svaret, faktisk den eneste boken som virkelig har svaret. Hvorfor skal jeg kaste bort tiden min på alle de andre fagene? Jeg vil studere Bibelen, tro den og gjør som det står skrevet.»

Så lenge jeg har fulgt dette prinsippet, har jet gått bra. De eneste gangene det har gått galt, er de gangene jeg har fraveket Guds ord. Mitt forslag til deg er dette: Ikke prøv å føle deg kjærlig. Vær ikke søtladen og sentimental. Du har kanskje hørt uttrykket, «sentimental *agape*» - det er mye av det rundt om kring. Vær bare lydig. Adlyd Guds ord. Gjør som det står skrevet.

Ruth og jeg var i Malaysia for mange år siden, og uten at jeg hadde planlagt det talte jeg over dette temaet. Etter talen kom en dame bort til meg og sa noe sånt som: «Du har hatt en lang vei å gå. Jeg kjente til deg for tyve år siden, og du er mye bedre nå enn den gang!» Det oppmuntret meg, og jeg håper det oppmuntrer deg også.

Hvorfor ikke avslutte dette kapitlet med en bønn om overgivelse? Hvis du oppriktig ønsker å ta et skritt i prosessen med å utvikle et tettere forhold til Herren, vennligst be denne bønnen sammen med meg:

Kjære Far i himmelen, jeg innser at jeg ikke kan være perfekt i min egen styrke. Utøs din kjærlighet og nåde i mitt hjerte på en slik måte at jeg kan vandre med deg i lydighet. Jeg ønsker å lære lydighet slik Jesus gjorde, og jeg forplikter meg til å studere ditt ord og adlyde det, elske deg og lære å elske andre ved det du lærer meg fra ditt ord. Jeg takker deg for at du vil hjelpe meg å ta dette skrittet. I Jesu navn. Amen.

KAPITTEL 2

Prosessen mot fullkommenhet

B ibelen er en meget praktisk bok. Den sier ikke bare til oss:
«Vær fullkommen», men gir oss også retningslinjer som vi kan
følge for å bli fullkomne. Denne trinnvise prosessen er beskrevet i
Peters andre brev. Første kapittel starter med noen grunnleggende
sannheter for å forberede oss for prosessen, etterfulgt av spesifikke
«byggesteiner» som er involvert i prosessen mot modenhet. I dette
kapitlet vil vi se på de innledende sannheter som gir oss innsikt i
denne byggeprosessen.

La oss begynne vår studie med det første verset:

Simeon Peter, Jesu Kristi tjener og apostel... 2 Pet 1:1

Jeg ønsker å stoppe litt her for å nevne at ordet tjener i
den greske grunnteksten er "slave". Har du lagt merke til at de
nytestamentlige apostlene alltid først kalte seg en slave og deretter
en apostel? Hvis du treffer noen som først kaller seg apostel og
deretter tjener, kan du stille spørsmål om vedkommende virkelig
er en apostel.

I mange år hadde jeg en venn i tjenesten som vokste opp
i et bestemt trossamfunn i Wales. Han hadde blitt temmelig
desillusjonert av noen av dem som kalte seg apostler. Til en
viss grad følte han at de dominerte menneskene de ledet. Om det
faktisk var tilfellet eller ikke, var det hans inntrykk. Han sa: "Jeg
forstod noe. I det nye Jerusalem, er apostlene fundamentet. De er
ikke mennesker på toppen som holder deg nede; de er mennesker

15

på bunnen som holder deg oppe." Et slikt perspektiv vil utgjøre en stor forskjell for noen som streber etter å bli en apostel. Er du ikke enig?

For mange år siden underviste jeg om tjenestegavene i Ef 4. Jeg hadde tenkt ganske kort å berøre tjenesten som apostel før jeg gikk videre til de andre gavene. Men på en eller annen måte ble jeg ble været i temaet om apostler. Mens jeg underviste, la jeg merke til at noen av de unge mennene blant tilhørerne ble mer og mer opphisset. De så alle på seg selv som apostler. Så jeg tenkte: "Jeg bør gjøre noe med dette."

Jeg spurte forsamlingen: "Hvor mange av dere ønsker å være en apostel?" Mange rakk opp hånden. Så sa jeg: "Et øyeblikk. La meg få lese stillingsbeskrivelsen for dere." Jeg leste i 1 Kor 4, fra vers 8 til 13, der Paulus skriver til de kristne i Korint:

Dere er allerede mette! Dere er allerede rike! Dere har hersket som konger uten oss - og jeg kunne sannelig ønske at dere virkelig hersket, slik at vi også kunne herske sammen med dere! For jeg tror at Gud har stilt oss apostler fram som de siste, som dødsdømte. For vi er blitt gjort til et skuespill for verden, både for engler og for mennesker. Vi er dårer for Kristi skyld, men dere er vise i Kristus! Vi er svake, men dere er sterke! Dere er æret, men vi er vanæret! Helt til denne stund både sulter og tørster vi, vi er dårlig kledt, slått og hjemløse. Vi strever og arbeider med våre egne hender. Når vi blir spottet, velsigner vi. Når vi blir forfulgt, holder vi ut. Når vi blir vanæret, ber vi. Vi er blitt gjort til utskudd i verden, som avskum for alle, helt til nå.

Så spurte jeg igjen: "Hvor mange ønsker å være en apostel?". Denne gangen var det færre som rakte opp hånden.

Denne diskusjonen om apostler som tjenere for Guds folk er en liten digresjon, men jeg tror det er noe som ligger på Guds hjerte.

Fullkommengjørings-prosessen

La oss nå fortsette med det første verset i 2. Peter, som introduserer sannhet nr. 1 i denne prosessen. [De videre sitatene fra 2. Peter 1 er hentet fra Bibelselskapets oversettelse av 2011 (BS).]

Simon Peter, Jesu Kristi tjener og apostel, hilser dem som har fått den samme dyrebare tro som vi gjennom rettferdigheten fra vår Gud og frelser Jesus Kristus.

1. Et liv i rikt mål

Dette brevet er adressert til alle oss som er sanne troende i Jesus. I vers 2 leser vi:

Nåde og fred være med dere i stadig riker mål ved at dere kjenner Gud og Jesus, vår Herre!

Legg merke til at det første ordet i dette verset er nåde. Det løfter oss umiddelbart ut fra våre egne evners muligheter. Som nevnt i kapittel 1, er det å bli fullkommen ikke noe vi kan gjøre uten Gud. Peter snakker her om noe som bare er mulig gjennom overnaturlige inngripen av Gud.

Husker du hva jeg sa tidligere? Nåden begynner der menneskelige evner slutter. Hvorfor skulle Gud gi deg sin nåde hvis du klarer det selv? Gud konfronterer oss bevisst med mange oppgaver vi ikke kan klare ved egen styrke, for at vi kan åpne opp for hans nåde. Til slutt sitter menigheten igjen med to muligheter. Enten gjør vi det rette og åpner opp for Guds nåde, eller vi setter nivået på Guds krav så lavt at vi kan oppnå det med vår egen innsats. Det siste er ikke hederlig – det gir et feilaktig bilde av Gud.

I ovenstående vers kommer ordet "fred" etter ordet "nåde". Det hebraiske ordet for "fred," sjalom, er direkte forbunnet med ordet "fullstendig". Husk hva vi konkluderte med tidligere. Vi sa at fullkommenhet innebærer fullstendighet. Derfor kan vi si at vi egentlig ikke kan ha sann fred før vi er fullstendige. Verset sier derfor i virkeligheten: "Nåde og *fullstendighet* være med dere i stadig rikere mål…" Det kristne livet er et liv i stadig rikere mål og progresjon. Det er ikke en statisk tilstand, men en berikende prosess.

La oss nå se på resten av vers 2:

... ved at dere kjenner Gud og Jesus, vår Herre!

Alt er oppsummert i der å kjenne Gud og Jesus. Jesus sier i Joh 17:3: «Og dette er det evige livet, at de kjenner deg, den eneste sanne Gud, og Jesus Kristus, ham som du har utsendt.» Vi trenger ikke annet enn Gud og Jesus Kristus. Alt vi trenger er i Gud og Jesus. Dette er sannhet nummer 2 i prosessen mot fullkommenhet.

2. Alt er allerede tilveiebrakt

Det ser vi tydelig i neste vers:

Ja, alt vi trenger for å leve i gudsfrykt, har hans guddommelige makt gitt oss i gave ...   2 Pet 1:3

Legg merke til at dette er skrevet i fortid. Det står ikke "vil gi", men "har gitt". Det er et fantastisk utsagn, men hvis du omgår det, vil du gå glipp av det Gud har for deg. Gud har allerede gitt oss alt vi vil trenge for tid og evighet. Vennligst stopp et øyeblikk og si disse ordene høyt nå: "Gud har allerede gitt meg alt jeg vil trenge for tid og evighet."

Hvis du fortsetter å be Gud om å gi deg noe han allerede har gitt til deg, kan det være noe du har misforstått.

3. Ved å kjenne Jesus

La oss nå se videre på resten av tredje vers, som tar oss til sannhet nummer 3 i prosessen mot fullkommenhet:

... ved at vi kjenner ham som kalte oss ved sin egen herlighet og makt.

Som vi så i siste del av vers 2, dekkes alle sider av våre liv ved å kjenne Jesus. Ikke ved teologisk kunnskap, men ved å kjenne Gud.

Jeg husker den gang jeg studerte fransk på skolen. Selv om jeg fikk meget gode karakterer i fransk, lurte jeg på hvilket språk jeg hadde lært da jeg virkelig kom til Frankrike! En av de tingene de innprentet oss var at fransk har to ord for "å kjenne"; *savoir*, å kjenne til et faktum, og *connaître* å kjenne en person. Husk at den type kjennskap vi snakker om i Skriften ikke er savoir, men *connaître*. Det dreier seg om å kjenne personen Kristus Jesus.

4. Guds omsorg er i løftene

I de foregående versene har vi sett at det er gjennom kjennskap til ham som kaller oss at vi har fått alle ting. Du lurer kanskje på: 'Hvordan har Gud gitt meg alt jeg noen gang vil trenge? Jeg tror ikke jeg har fått det.' Det neste verset klargjør dette:

Slik [ved hans herlighet og kraft] *har vi fått [merk, har fått] de største og mest dyrebare løfter. Ved dem skulle dere få del i guddommelig natur når dere har sluppet unna forfallet, som kommer fra lystene i verden.* Vers 4

Hvor er Guds omsorg for oss? Den er i løftene. Dette er sannhet nummer 4 i prosessen mot fullkommenhet, og jeg vil at du skal si det høyt: "Omsorgen er i løftene."

Vår forsørgelse er i Guds løfter. Når vi tror og adlyder løftene, ser vi at Gud tar seg av alle våre behov. Resultatet av å tro og adlyde løftene er svimlende.

Jeg har nøye studert den greske teksten i dette verset for at jeg skulle være sikker på å tolke det riktig (noen oversettelser får ikke frem den fulle meningen).

Ved dem [løftene] *skulle dere få del i guddommelig natur når dere har sluppet unna forfallet, som kommer fra lystene i verden.*

Hvorledes skal vi forstå begrepet "guddommelig natur"? Det betyr faktiske Guds virkelige natur. Ved å tro og adlyde løftene, kan vi motta denne Guds natur i oss. Følgelig, i samme grad som vi mottar Guds natur, slipper vi unna forfallet som kommer fra lystene i verden. Guds natur og lystene i verden er uforenlige. Der den ene er, kan ikke den andre være.

Husker du historien om Jakob og broren Esau? Da Jakob flyktet fra Esau, han hadde ikke noe annet enn en stav i hånden og bare en stein å legge hodet på. Mens han sov ute i ødemarken, hadde han en drøm om himmelen. (Jeg husker en forkynner som for mange år siden sa: "Hvis jeg kunne ha en drøm om himmelen, ville jeg være villig til å sove på en stein!")

I denne drømmen så Jakob en stige. Foten av stigen var på jorden, toppen av stigen var i himmelen, og Guds engler steg opp og ned langs stigen.

På en måte er Guds løfter som en slik stige. Hvert trinn er et løfte. Når du setter foten på løftet, kan du gå ett trinn høyere. Fra løfte til løfte får du gradvis del i Guds natur. Hvis ikke det er spennende, vet jeg ikke hva som er det!

5. Iver versus latskap

Som nevnt tidligere i dette hefte, har Bibelen gitt oss en trinnvis prosess som vi kan følge i lydighet mot befalingen: "Vær fullkommen."

En av de viktigste faktorene i denne prosessen er nevnt i vers 5 i vår hovedtekst. (Teksten vi vil sitere fra når vi skal se på hver av disse byggesteinene, er 2 Pet 1: 5-8, som vi vil sitere i sin helhet i begynnelsen av neste kapittel.) Her er den innledende tanken i dette avsnittet uttrykt i vers 5:

Sett derfor all deres iver inn på å ...

Ordet iver er et meget viktig ord som forekommer flere ganger i dette kapitlet. For å kunne definere et ord, kan det noen ganger være nyttig å se på det motsatte. Det motsatte av iver er latskap.

Du kan søke i Bibelen fra perm til perm, men du vil aldri finne en positiv bemerkning om latskap. De fleste kristne er enige om at drukkenskap er en synd. Men Bibelen er mye mer alvorlig i sin fordømmelse av latskap enn av drukkenskap. Du er kanskje ikke enig, men jeg vil hevde at det er mange kirker som ikke ville tolerere en drukkenbolt, men de tåler gjerne en mengde late mennesker. Vårt poeng er at iver er en vesentlig bestanddel i byggeprosessen vi er i ferd med å beskrive.

Troens fundament

Med iver, skal vi nå ta fatt på prosessen med å legge til. På en måte kan det sammenlignes med byggingen av et hus. Hva begynner du med? Grunnmuren – et fundament. Og hva er vårt fundament i denne byggeprosessen? Tro.

Det er intet annet utgangspunkt i ditt forhold til Gud. Hebreerne 11:6 sier at uten tro er det umulig å være til behag for Gud. Ikke bare vanskelig, men umulig. Den som kommer til Gud, må tro at han er til, og at han er den som belønner dem som søker ham med iver.

Det intet annet utgangspunkt i denne prosessen mot fullkommenhet enn tro. Det er grunnmuren som alle andre byggesteiner hviler på. Det er intet annet fundament i det kristne livet enn troen på Herren Jesus Kristus og hans forsoning på våre vegne.

KAPITTEL 3

Den første byggesteinen: Fremragende

I dette kapitlet og de følgende, vil vi se nærmere på hver av de "byggesteinene" vi nevnte tidligere. Men før vi gjør det, la meg gi deg hele avsnittet fra 2. Peter:

> *Sett derfor all deres iver inn på å la troen føyes sammen med et rett liv, og det rette livet med innsikt, innsikten med selvbeherskelse, selvbeherskelsen med utholdenhet, utholdenheten med gudsfrykt, gudsfrykten med søskenkjærlighet og søskenkjærligheten med kjærlighet til alle.*   *2 Pet 1:5-7 BS*

Når Peter begynner prosessen med å legge "stein på stein" på vårt fundament av tro, oppdager vi den første byggesteinen i vers 5:

... la troen føyes sammen med et rett liv...

Nesten alle oversettelsene sier "dyd" (der BS sier "rett liv") - selv om noen sier "moralsk utmerkethet" (som kanskje er den mest korrekte oversettelsen av det greske ordet arete) eller «ærbart liv». Jeg foretrekker å bruke ordet fremragende, og jeg ønsker å utelate ordet "moralsk" fordi jeg tror at "fremragende" ikke bare er et religiøst begrep. På gresk er ordet "fremragende" arote. Dette ordet er mye brukt. For eksempel: Det "arote", eller det fremragende ved en hest, er at den kan løpe fort. Ordet betyr å gjøre det bra, uansett hva du gjør.

Hvis du kaller det *moralsk fremragenhet*, kan noen mennesker som kan ha en tendens til latskap, bruke det som en unnskyldning for bare å delta i religiøse aktiviteter, som å gå i kirken og fremsi deres bønner. Men de vil ikke utvikle det fremragende på andre områder av livet, for eksempel i sitt arbeid. Måten du utfører ditt arbeid på kan fortelle mer om deg enn det som skjer i kirken. I kirken er det hovedsakelig bare de andre kirkegjengerne som ser deg.

Trening i Hæren

Gud lot meg få innsyn i denne sannheten kort tid etter at jeg ble frelst, mens jeg tjenestegjorde i den britiske hæren. Tro meg når jeg sier at jeg likte ikke den britiske hæren. Jeg tenkte: *Nå som jeg er frelst, vil Gud få meg ut av dette. Jeg burde sannelig gjøre noe mer åndelig.*

Vel, det gjorde han ikke. Jeg ble værende i hæren i 4 ½ år. Etter hvert forstod jeg at mitt kristne vitnesbyrd ville bli vurdert etter hvor godt jeg utførte tjenesten i hæren.

Jeg meldte meg frivillig til tjeneste i Royal Army Medical Corps (RAMC) og ble sanitet-soldat fordi jeg ikke ønsket å drepe mennesker. Dette var min innstiling før jeg ble frelst. Jeg var en filosof, en opprører og en førtids-hippie. Selv om det ikke var noen hippier på den tiden, ville jeg ha blitt beskrevet med et tilsvarende uttrykk på min tid. Jeg kan forstå hvordan en hippie tenker, fordi jeg ville ha vært en! For eksempel hadde jeg en blåfarget "bamse"-jakke laget av tykk, imitert pels! Denne påkledningen var min måte å protestere mot samfunnet.

Så jeg havnet som sanitet- soldat i Royal Army Medical Corps med mye akademisk kompetanse som jeg ikke fikk bruk for. I RAMC arbeidet Gud virkelig med meg, fordi alle de mannlige medlemmene i familien min hadde vært offiserer i den britiske hæren. Jeg var vant til å omgås offiserer, men som korporal fikk jeg ikke blande meg med offiserene. Det førte til at jeg lærte noe viktig. Folk oppfører seg svært annerledes når du er "under" dem enn de gjør når du er på deres nivå. Jeg ble sjokkert over oppførselen jeg så hos noen av offiserene. Og jeg innså at Gud arbeidet med de samme problemene i meg.

Omsider ble jeg dimittert fra den britiske hæren og i den forbindelsen gir de deg en evaluering. Jeg sier ikke dette for å skryte, men det er en betydningsfull del av mitt vitnesbyrd. Da jeg ble dimittert, ble min atferd evaluert med ett ord, *eksemplarisk*. I løpet av tjenesten hadde jeg aldri lagt skjul på at jeg var en kristen. Jeg snakket til de ledende offiserer og andre om Herren. Jeg levde mitt liv for Gud, og ved avslutningen gav hæren meg topp karakter, det vil si *fremragende*.

Det var ikke fremragende i form av åndelige eller akademiske prestasjoner men ved å utføre enkle og dagligdagse oppgaver som å tømme bekken og sjekke temperaturer. Faktisk var det slik at da de oppdaget at jeg ikke lenger røkte eller drakk etter at jeg var blitt frelst, plasserte de meg på det mest naturlige stedet av alle. Siden jeg var den enste de stolte på som ikke ville stjele, fikk jeg ansvaret for kantinen! Jeg brukte mye av min tid i kantinen.

Sigaretter, øl og sjokolade

Som en liten digresjon til det personlige vitnesbyrdet jeg deler her, vil jeg gjerne dele en interessant personlig erfaring jeg hadde. Jeg deltok i den lengste retretten i den britiske hærens historie. Vår divisjon var i Nord-Afrika og trakk seg tilbake fra et sted som heter El Algheila i Libya til El Alamein i Egypt. Jeg hadde en lastebil og hadde ansvaret for et lag på 8 bårebærere som var kjent i hele avdelingen som "Princes Pionerer." Vi hadde kantinen med oss på lastebilen – øl, sigaretter, sjokolade og mange andre forskjellige varer. Mesteparten av tiden var vi sultne fordi vi ofte ikke fikk våre tiltrengte rasjoner.

Under den raske tilbaketrekningen skjedde det at vi kjørte inn i et av våre egne minefelt. Våre spesialister hadde ikke hatt nok tid til å rydde det. Det var et minefelt mot kjøretøy, så det gikk greit å gå til fots gjennom feltet. Men det betydde at vi måtte forlate lastebilen vår. Siden lastebilen var mitt ansvar, kjempet jeg med tanken på å måtte forlate øl, sigaretter og sjokolade som fienden kunne forsyne seg med når de kom frem til lastebilen. Jeg kunne bare ikke få meg til å gjøre det. Så midt på natten, i selve minefeltet, solgte jeg hele innholdet i kantinen. Jeg måtte imidlertid selge alt på kreditt, fordi ingen hadde penger. Senere angret jeg mange ganger på det – jeg hadde en forferdelig jobb med å innkassere pengene fra alle de mennene! Men på en eller annen måte klarte jeg det, og jeg oppbevarte regnskapsboken i årevis for å bevise det.

Dette ble betraktet som en eksemplarisk oppførsel – og jeg vil gjerne foreslå at du av og til undersøker hvordan du takler ikke-religiøse situasjoner. Det betyr mye.

Fremragende i alle ting

Mange av mine bøker blir solgt gjennom kristne bokhandlere. Over tid har vi erfart at "Jesus-bokhandlere" er de blant de minst pålitelige når det gjelder å betale sine regninger. Visste du det? En gang prøvde vi å inngå en avtale om innkjøp av pappesker til pakking av bøker. Sjefen for forlaget vårt hadde funnet et firma, men han så unnskyldende på meg og sa: «Men de er ikke kristne.» «Takk Gud!», svarte jeg. Dessverre er det slik fordi mange kristne i virkeligheten ikke forstår hva det betyr å være fremragende.

En annen gang var jeg rektor ved en høyskole for afrikanske lærere. Mitt personlige mål for å være der var å vinne dem for Herren, og jeg takker Gud for at nesten alle studentene som ble uteksaminert ble frelst og døpt i den Hellige Ånd. Men ett år oppnådde vi også anerkjennelse på et annet område, som er relevant for mitt poeng. Vi satte en rekord i Kenyas utdanningssystem; hver eneste av våre studenter besto i alle fag.

Jeg satte stor pris på brevet jeg fikk fra representanten for Utdanningsdepartementet som takket meg for denne unike prestasjonen. Fordi vi var pinsekristne, trodde ingen at vi kunne gjøre noe slikt. De forventet at vi skulle ligge på laveste nivå når det det gjaldt å være fremragende, mens vi følte at det ville ha vært en skam for Herren.

Hva med deg?

Den første byggesteinen i fundamentet bør være *fremragende*.

Tenk et øyeblikk på det med hensyn til ditt eget yrke. Hva gjør du for ditt underhold? Er du en lærer? Da burde du være en fremragende lærer. Elevene mine kunne ha tatt imot Herren og bli frelst, men snart kunne deres holdning ha vært: "Nå vil du vel ikke forvente så mye av oss, nå som vi er blitt kristne." Da ville jeg ha sagt til dem: «Dere tar helt feil. Nå som dere er frelst, forventer jeg mye mer av dere." Hvis du kan være en lærer uten å være en kristen, bør du som kristen være en mye bedre lærer, siden du kan be og søke Gud om hjelp og visdom. Er du sykepleier? Da bør du være en fremragende sykepleier. Er du en bussjåfør? Da bør du være en fremragende bussjåfør. Er du butikkekspeditør? Da bør du være en fremragende butikkekspeditør.

Det er det første trinnet i din prosess mot fullkommenhet, men jeg tror det har falt ut av mange menneskers tanker. La oss igjen lese hva Peter sier i vers 5:

> *Sett derfor all deres iver inn på å la troen føyes sammen med et rett (fremragende) liv.*

Uten tro vil du ikke være i stand til å bli fremragende på mange områder. Tro åpner veien for det fremragende. Det er en uttalelse i Jakobs brev som appellerer til meg. Jakob viser troende at det er ikke mye til nytte bare å si at du er en troende, du må også vise det ved din livsførsel. Jakob skiver:

> *Men noen vil si: "Du har tro, og jeg har gjerninger." Vis meg din tro uten dine gjerninger, og så vil jeg vise deg min tro ut fra mine gjerninger.*
> *Jak 2:18*

Med andre ord skriver Jakob: "Jeg vil vise deg min jeg tro ved det jeg gjør." Er det utfordrende for deg? Burde vi ikke være i stand til å si det? "Jeg vil vise deg min tro ved måten jeg lever på. Se på mitt liv, og du vil se hva tro kan gjøre."

Det er litt av en utfordring, og du føler kanskje at du ikke ville være i stand til å si noe slikt akkurat nå. Hvorfor bruker vi ikke denne muligheten til å be om Guds hjelp til dette?

Be denne bønnen når vi nå avslutter dette kapitlet:

Kjære Herre, du vet nøyaktig hvor jeg står i denne stund når det gjelder det å være fremragende. Herre, jeg trenger din hjelp! Ved din nåde og styrke, ber jeg deg om å hjelpe meg med å få på plass byggesteinen "fremragende" i mitt arbeid, mine familierelasjoner, og på alle andre områder av livet mitt. Jeg er ikke kommet så langt som jeg burde i denne saken, men jeg ber deg om hjelp til å komme dit. I Jesu navn. Amen.

KAPITTEL 4

Den andre byggesteinen: Kunnskap

Hvilken stein er så den neste vi vil legge til i prosessen mot fullkommenhet, etter fremragende? For å kunne svare skal vi se på de neste ordene i 2 Pet 1:5 BS. Vi leser verset fra begynnelsen:

Sett derfor all deres iver inn på å la troen føyes sammen med et rett (fremragende) liv, og det rette (fremragende) livet med innsikt,...

Det andre trinnet er innsikt, eller kunnskap, som det står i andre oversettelser. Hva slags kunnskap? Skriften henviser ikke her i hovedsak til vitenskapelig kunnskap, men til innsikt i eller forståelse av Guds ord og Guds vilje.

En prioritet for enhver troende

Det er to saker du trenger å gi umiddelbar oppmerksomhet når du bli en troende. Den første er spørsmålet om å være fremragende – om å ta tak i livet ditt, være effektiv og punktlig. Hvis du blir betalt for å arbeide åtte timer om dagen og du arbeider syv timer og femtifem minutter, stjeler du fem minutter. Det er tyveri. Jeg vil anta at de fleste ansatte i dag er tyver. Som en kristen er du et vitne, noe som betyr at du ikke kan tillate deg å stjele.

Etter fokuset på å være fremragende, vil det å skaffe seg kunnskap og innsikt være din neste prioritet – innsikt i Guds ord og Guds vilje. Det er Guds ord som åpenbarer Guds vilje. En av de største utfordringene apostlene hadde var stadig å måtte konfrontere uvitenhet. De hadde en konstant kamp med dette.

Jeg tror ikke jeg fullt ut forsto denne kampen mot uvitenhet før jeg gjorde tjeneste i Pakistan for mange år siden. På den tiden var omtrent 80 % av kvinnene og trolig over 50 % av mennene analfabeter. Da en av forkynnerne som reiste sammen med meg på forhånd informert meg om at han ville tale om Israels utvandring fra Egypt, sa jeg: "Før du gjør det, må du forklare dem at Israel faktisk var i Egypt, fordi det vet de ingen ting om." Hver gang jeg stod overfor disse menneskene mens vi var der, opplevde jeg at det var en tykk vegg av mørke mellom oss – uvitenhet. Jeg har aldri opplevd den negative makten av uvitenhet slik jeg opplevde den der.

En forførende strategi

Det vil kanskje sjokkere deg, men jeg har observert at uvitenheten øker i et alarmerende tempo i alle kulturer. Når det for eksempel gjelder vår egen kultur, er folk i USA uvitende om de viktigste årstallene i amerikansk historie. De husker ikke tidspunktet for Borgerkrigen. Intelligens har svært liten plass i dagens kultur. Vi har de super intelligente, "vidunderbarna" og folk som utvikler datamaskiner. Men i hovedsak finner vi en stor grad av uvitenhet. Det er mye vanskeligere å få oppført en kvalitetsmessig sikker bygning i dag enn for femti år siden, eller å finne håndverkere som man kan stole på.

Etter å ha vært i Pakistan, innså jeg at dette er en satanisk strategi. Satan forsøker bevisst å innhylle folk med uvitenhet, slik at de vil være rede for Antikrist. Global uvitenhet vil rydde veien for Antikrist.

Uvitenhet i dagens menighet

La oss se på noen av de områdene av uvitenhet som apostlene måtte kjempe med i den første menighetstid. Jeg tror du vil se at de fleste av dem gjelder fortsatt i dag. I Rom 11:25-26 finner vi det første område av uvitenhet:

For jeg vil ikke, brødre, at dere skal være uvitende om denne hemmeligheten, så dere ikke skal være kloke i egne øyne, nemlig at forherdelse har rammet en del av Israel inntil fylden av hedningefolkene er kommet inn, og slik skal hele Israel bli frelst...

En stor del av kirken/menigheten i dag er uvitende om det faktum at Gud har tillatt blindhet, eller forherdelse, å komme over Israel, men bare inntil fylden av hedningene er kommet inn. Slik skal hele Israel bli frelst. Det er enorm forvirring i kirken/menigheten i dag på grunn av uvitenhet om denne hemmeligheten.

I 1 Kor 10:1-11, skriver Paulus til de troende i Korint om et annet område av uvitenhet, der han ber dem innstendig om å huske at alt som skjedde med Israel i det Gamle Testamente var et mønster, et tegn eller et eksempel for oss, som en advarsel. I versene 1-4, skriver han:

... alle våre fedre var under skyen, alle gikk gjennom havet, alle ble døpt til Moses i skyen og i havet, alle spiste de den samme åndelige mat, og alle drakk den samme åndelige drikk.

I dette skriftstedet setter Paulus opp en liste på 5 overnaturlige åndelige opplevelser som skjedde med Israels forfedre. Så skriver han: «Men de fleste av dem fant ikke Gud behag i» vers 5. Dette er noe vi trenger å vite! Vi kan bli døpt i Ånden og bli døpt i vann og tale i tunger, likevel kan det være at Gud ikke finner behag i oss.

En alvorlig advarsel

I de neste fem versene, versene 6-10, kommer Paulus med en liste over Israels problemer. Alle disse problemene finner vi i kirken/menigheten i dag. De skal ikke ha lyst til det onde. De skal ikke drive hor. De må ikke friste Kristus. De må ikke klage.

Hvor mange kristne vet at det er synd å klage? For israelittene ble det alvorlige konsekvenser av å klage og å "sette Kristus på prøve". Dette resulterte i slanger som bet dem, og ved å klage ble de drept av "ødeleggeren".

Hva er alternativet til å klage? Lovprisning. Hvis du hele tiden lovpriser, kan du ikke klage. Og hvis du klager, kan du ikke lovprise. Du må bestemme deg for hva som vil være viktigst for deg.

I vers 11 leser vi:

Alt dette hendte dem som forbilder, og det ble skrevet ned til advarsel for oss, som de siste tider er kommet til.

All Israels erfaring i den Gamle pakt ble nedskrevet som forbilder og en advarsel (formaning) til oss om ikke å gjøre de samme feilene. Hvis vi ikke vet hva som skjedde med dem, hvordan kan vi da bli advart?

Ytterligere uvitenhet

I 1Kor12:1 retter Paulus vår oppmerksomhet mot et tredje område av uvitenhet i kirken:

Når det gjelder de åndelige gaver, brødre, vil jeg ikke at dere skal være uvitende.

Deler av kirken har fått en viss opplysning når det gjelder åndelige gaver, men det mangler fortsatt en god del kunnskap. Jeg blir flau når jeg tenker på uvitenheten blant oss på den tiden jeg kom inn i tjenesten. Du kunne ha overrakt oss en demon på et sølvfat, og vi ville ikke ha visst hva det var eller hvordan vi skulle håndtere den!

I 1 Tess 4:13 taler Paulus om et annet område av uvitenhet:

Men jeg vil ikke at dere skal være uvitende, brødre, om dem som har sovnet inn [døde i troen], så dere ikke sørger som de andre som ikke har håp.

Vi trenger å vite hva som skjer med de troende etter døden. Hva er den endelige skjebnen til dem som dør i Kristus? Det er meget viktig at vi vet det.

Det femte og siste eksempelet på hva vi må ha kunnskap om, finner vi i 2 Pet 3:8:

Men dette ene må dere ikke glemme, mine kjære, at for
Herren er én dag som tusen år og tusen år som én dag.

Vi må forstå hvorledes Gud ser på tid. Tusen år er som en dag for Gud. Så hvilken betydning har da de to tusen årene etter vår tidsregning som har passert etter Jesu død og oppstandelse? For Gud er det to dager.

Selv i dag er det så mange områder der Guds folk er uvitende, der de mangler kunnskap om Guds ord. Jeg ønsker å si til deg, spesielt hvis du opplever et kall til tjeneste: Sett deg som mål å gi folket kunnskap om og innsikt i de store, sentrale sannheter i Bibelen – noe alle kristne trenger å vite. Legg et solid fundament i livet til personer som du betjener og har kontakt med.

KAPITTEL 5

Den tredje byggesteinen: Selvbeherskelse

I dette kapitlet skal vi fortsette studiet av Jesu ord i Mat 5:48: «Derfor skal dere være fullkomne slik som deres Far i himmelen er fullkommen.» Men før vi fortsetter, kan det være nyttig å ta en liten pause og tenke igjennom hva vi allerede har lært.

Oppsummering av det vi har lært

I de foregående kapitlene har vi sett at Gud har en fremdriftsplan der vi kan forflytte oss fra vår begynnende tro på Jesus til det Bibelen beskriver som fullkommenhet. Teksten som beskriver denne "fullkommenhetsprosessen", finner vi i 2 Pet 1:1-7, der Peter sier at det hele begynner med Guds nåde (vers 2). Om vi begynner fra et annet utgangspunkt, vil vi mislykkes fullstendig. Stoler vi på vår egen dyktighet, evne eller rettferdighet, vil vi ikke kunne innfri Guds krav om fullkommenhet. Derfor er det viktig at denne undervisningen begynner med nøkkelordet: Nåde.

Peter taler så om et liv som mangfoldiggjøres. *Han påpeker for oss at Gud "har skjenket oss alt som tjener til liv og gudsfrykt" vers 3.* Guds forsørgelse ligger i løftene. Dette er så viktig at jeg vil be deg si det ut høyt: *Forsørgelsen ligger i løftene.*

Ettersom vi gjør bruk av disse løftene, tror og adlyder dem, får vi gradvis del i den guddommelige natur, samtidig som vi unnslipper fordervelsen i verden som kommer av lyst.

I vers 5 begynner så Peter å snakke om en fremgangsmåte

der vi suksessivt kan legge byggesteiner inntil hverandre som et trosfundament. Husk at det eneste utgangspunktet for det kristne livet er tro. Tro er den solide grunnsteinen vi skal bygge alle påfølgende nivåer eller etasjer på. Å legge byggesteiner som en underliggende fundamentplate av tro, er prosessen som vil frembringe et liv i oss som vil «være fullkomment».

Så langt har vi sett på de to første nivåer i vår bygning. La oss kort oppsummere disse to nivåene, eller byggesteiner, som er gitt oss i 2 Pet 1:5 BS: «... la troen føyes sammen med et rett liv.» Du husker at jeg valgte ordet "fremragende" (der andre oversettere bruker ordet "dyd", eller som her "rett liv"), fordi jeg bevisst ønsker å komme bort fra en religiøs eller moralsk-lydende sammenheng. Jeg tror at Gud forventer at enhver sann kristen skal leve et fremragende liv, uansett hvor beskjedent hans kall kan være.

Jeg husker noe som skjedde i Tyskland for noen år tilbake gjennom tjenesten til en pastorvenn av meg. Han ledet en ung mann, som var sterkt avhengig av rusmidler, til Herren. Denne unge mannens sinn var mer eller mindre fraværende, det fungerte bare ikke. Men han hadde ekte tro på Jesus. Min pastorvenn tok mannen hjem til seg og begynte å lære ham det grunnleggende i kristenlivet og disiplin. Etter en stund var han i stand til å finne en jobb i et firma som ansatte ham til å tømme papirkurver og utføre andre mindre oppgaver. Pastoren sa til den unge mannen: «Jeg vil bare fortelle deg to ting. For det første, stol på Jesus og be ham om hjelp. Og for det andre, vær trofast.» Han utførte trofast sine oppgaver. Etter en stund gav de ham en litt mer avansert stilling. Alt han gjorde utførte han trofast – alltid i bønn, og dette fortsatte inntil han hadde fått en ganske ansvarsfull stilling.

I det landet følte folk flest behov for å ha en utdannelse de kunne vise til, så han bestemte seg for å begynne på skolen. Han oppsøkte sjefen sin for å forklare hvorfor han ville slutte og å takke ham for all hjelp han hadde fått. Men da han fortalte at han planla å slutte, sa sjefen til ham: «Du kan ikke slutte. Du er eneste i dette firmaet som jeg kan stole på. Bli her, og jeg vil lære deg opp så du kan ta over jobben min.»

Dette er en sann historie. Du forstår at nøkkelen var trofasthet. Salomo sa: «... hvem kan vel finne en trofast mann?» Ord 20:6. Salomo hersket over et stort imperium. Han hadde alle Israels utvalgte menn til sin disposisjon, men selv han hadde problemer med å finne noen han kunne stole på. Skulle du være ufaglært, vær fremfor alt pålitelig og trofast. Jesus sa: «Den som er trofast i smått, er også trofast i stort. Og den som er urettferdig i smått, er også urettferdig i stort» Luk 16:10.

Jeg har møtt mange mennesker med fine titler som sier: «Denne jobben er for ubetydelig. Den er ikke verdt min oppmerksomhet. Gi meg en viktigere jobb, og jeg skal virkelig vise hva jeg kan gjøre!»

For min del vil jeg aldri gi det menneske en slik jobb, fordi det er i strid med prinsippene i Skriften. Jesus sa: «Prøv ham i de minste ting. Den som er trofast i små ting kan du stole på i de større ting.» Så vi ser at å være fremragende er mulig for alle som tror og er oppriktige – og som er villige til å være ydmyke.

Ser vi igjen på teksten vår i 2 Pet 1:5 leser vi: «... la troen føyes sammen med et rett liv (fremragende), og det rette livet med innsikt (kunnskap).» Den neste byggesteinen etter fremragende er kunnskap. Jeg påpekte at det ikke er vitenskapelig kunnskap vi trenger, selv om det kan være svært nyttig og hjelpsomt. Det er først og fremst gjennom kunnskapen om Gud, hans ord og hans vilje, at du kan bli en effektiv og vellykket kristen.

Deretter så vi på noen av eksemplene på uvitenhet som apostlene kontinuerlig kjempet mot og som fortsatt eksisterer i kirken/menigheten. Jeg ga 5 eksempler på disse områdene av uvitenhet.

For det første trenger enhver kristen å forstå hemmeligheten om Guds plan for Israel. Kristne må forstå at vi ikke er fullstendig uavhengig av Israel. Guds hensikter kan ikke fullbyrdes før «fylden av hedningene er kommet inn, og slik skal hele Israel bli frelst» Rom 11:25-26.

For det andre, skal vi ikke overse de forskjellige advarsler til kirken/menigheten som stammer fra erfaringer som Israel hadde på sin vei fra Egypt til Kanaan. Husk, en hel generasjon omkom i ødemarken på grunn av vantro. Paulus gjør det klart at dette er en advarsel til oss.

Paulus peker deretter på ytterligere to områder av uvitenhet i kirken/menigheten: Om åndelige gaver og Guds plan for troende som dør. Hvilken endelige skjebne får disse troende? Mange kristne tror at himmelen er målet, men det er det ikke. Himmelen er en velsignet, fantastisk tidsperiode. Men målet er oppstandelsen. Paulus sa: «... om jeg på denne måten kan nå frem til oppstandelsen fra de døde» Fil 3:11.

Nok en gang; dette er et område der mange kristne mangler forståelse.

Til slutt så vi på et siste område av uvitenhet, Guds målestokk for tid. «For Herren er én dag som tusen år, og tusen år som én dag» 2 Pet 3:8. Tiden er forskjellig for Gud og oss, og det er viktig å forstå den sannheten.

Å trene vår vilje

Vi er nå klare til å gå videre med de etterfølgende etappene i denne prosessen. La oss undersøke den tredje byggesteinen som vi finner i 2 Pet 1:6 BS:

... innsikten (kunnskapen) med selvbeherskelse ...

Jeg ser at enkelte som har mottatt dåpen i den Hellige Ånd tror at Ånden tar over og gjør det for oss. Men selvbeherskelse er en av de 9 fruktene av den Hellige Ånd, og den må utvikles. Den Hellige Ånd kommer derfor ikke til å gjøre alt. Han formidler selvbeherskelse til oss, men vi må beherske oss selv. Dersom vi vil trene vår vilje og ta de nødvendige avgjørelser, vil den Hellige Ånd styrke oss og sette oss i stand til å gjøre det. Men, han vil ikke ta avgjørelsene for oss.

Det Nye Testamente bruker vanligvis ulike bilder for å illustrere behovet for selvbeherskelse. En grunn til at vi trenger selvbeherskelse, er fordi det er tett fulgt av utholdenhet. Disse to byggesteinene, selvbeherskelse og utholdenhet, kan utvikle seg til en flaskehals. Hvis du ikke kan komme gjennom denne flaskehalsen, kan du være ute av stand til å komme videre. Og du kan ikke bytte om på dem – du må følge den bibelske rekkefølgen.

Etter kunnskap kommer selvbeherskelse. Når du vet alt du burde gjøre, er det bra, men det er ikke det samme som å være i stand til å gjøre det. Å være i stand til å gjøre det og gjøre det effektivt, avhenger av å kunne beherske deg selv.

Et av de mest levende bildene Paulus bruker for å illustrere selvbeherskelse er en idrettsutøver. Jeg blir alltid ydmyket når jeg underviser om dette temaet fordi jeg stadig må spørre meg selv: «Hvor langt har jeg selv kommet?»

La oss se hva Paulus sier i 1 Kor 9:24: «Vet dere ikke …?» Legg igjen merke til at her er det en ny utfordring når det gjelder uvitenhet:

Vet dere ikke at alle de som deltar i et kappløp, er med og løper, men bare én får seiersprisen? Løp da slik at dere kan få den!

Vær oppmerksom på at vi ikke konkurrerer med våre medkristne. Vi kjemper med de maktene som er imot oss og vil hindre oss fra å oppnå prisen. Paulus fortsetter:

Og hver den som deltar i kappløpet, forsaker alt annet.
                                                           Vers 25

Selvkontroll er et annet ord for «selvbeherskelse». Paulus tenker på de olympiske lekene i antikkens verden som etablerte mønsteret for dagens OL. Det som var riktig når det gjaldt datidens OL er ikke mindre riktig når det gjelder OL i vår tid. Paulus gir oss et av de meste levende eksempler på nødvendigheten av selvkontroll. La oss lese resten av verset, før vi ser på hvordan dette angår våre liv:

De gjør det for å oppnå en forgjengelig krans, men vi gjør det for en uforgjengelig krans.

«Gullmedaljen» i oldtidens olympiske leker var en laurbærkrans som ble plassert rundt pannen til vinneren. Selvfølgelig visnet den etter en stund, men den var likevel et tegn på en enorm ære. Paulus fortsetter med å bekrefte at det disse OL-utøverne strevde etter bare ville forgå. Men så legger han til at vi strever etter er en uforgjengelig krans. Foran oss ligger muligheten for en krone, en gullmedalje, en som er evig.

I vers 26 anvender Paulus denne sannheten på sitt eget liv: «Derfor løper jeg, ikke i usikkerhet.» Med andre ord sier Paulus: «Jeg vet hvilket mål jeg løper mot, og jeg skjener verken til høyre eller til venstre. Jeg løper rett mot målet.»

Jeg har ofte sagt at hvis ditt siktemål er ingenting, kan du være sikker på å nå det. En av de største tragedier i kristnes måte å leve på er mangelen på hensikt. Alle troende burde ha en hensikt, et mål. Vær ikke en som bare følger religiøse rutiner – går i kirken hver søndag, til bibelstudier onsdag kveld og kanskje til en husgruppe en annen kveld. Det er vel og bra, men i det lange løp vil du visne åndelig om du ikke har et mål i sikte.

Å slå i løse luften

Paulus fortsetter å bruke en idrettsmetafor på seg selv i vers 26:

Jeg kjemper ikke som en som slår ut i løse luften...

Bildet Paulus beskriver er av en bokser som uvørent og fanatisk langer ut uten å vite hva han prøver å treffe. Vi vet at vi kjemper mot noe, men vi vet ikke hva det er. Mange av oss oppfører oss slik i vårt bønneliv. Vi vet at vi kjemper mot noe, men vi vet ikke hva det er. Gjennom årene har jeg lært at bønnene våre bare blir fullt effektive når vi vet hva vi holder på med. Derfor er det nødvendig at den Hellige Ånds gaver fungerer i våre liv. Gaver som visdomsord, kunnskapsord og å kunne prøve ånder vil gjøre oss i stand til å vite hva vi virkelig står overfor.

Da jeg var pastor i London, i Bayswater-området, tidlig på 1950-tallet, var de fleste i menigheten vår folk som var frelst gjennom våre gatemøter. De var ikke alltid de mest respektable folkene. Vi hadde mange som kjempet og var plaget av demoner, men jeg hadde ingen idé om hvordan jeg skulle håndtere demoner. Noen ganger fulgte vi bare den gamle metoden med bare å rope høyt og lenge og håpe at noe skulle skje, men demoner er ikke døve! Det er ikke nødvendig å rope til dem, men du trenger å vite hvordan du skal behandle dem.

Jeg husker en situasjon der vi lyktes – ikke ved egen dyktighet, men ved Guds nåde. Min første kone, Lydia, og jeg hadde hjulpet to russiske jødinner å komme til Storbritannia fra Sovjetunionen via Israel. De hadde blitt kristne gjennom et dramatisk personlig møte med Jesus en kveld de planla å begå selvmord (historien er for lang til å ta med her). I hvert fall pleide de jevnlig å komme hjem til oss for å be. En ettermiddag vi var sammen, sa de til oss: «Vi er baptister, men i Russland er baptister mye mer støyende enn hva pinsevennene er her i landet.» Når de bad var de ikke flaue over hva naboene måtte tenke, de bare satte i gang.

Vi var midt i en av disse bønnestundene da det plutselig ringte på døren nede. Jeg gikk ned for å åpne, og der stod en av mine kvinnelige menighetsmedlemmer med sin ektemann på slep. Hun sa: «Dette er min mann. Han har nettopp kommet ut av fengsel og han har en demon.» (Ærlig talt visste jeg ikke engang at hun hadde en mann!)

Vel, det hun sa var ikke gode nyheter for meg i det hele tatt. Jeg tenkte: *Hva skal jeg gjøre med denne mannen?* Men jeg lot dem komme opp, og vi fortsatte bare å be, for vi visste ikke hva vi ellers skulle gjøre.

Men etter at disse russiske damene hadde bedt høylytt i rundt 20 minutter, kom denne mannen bort til meg og sa: «Jeg går. Her er for mye bråk!» Gud ga meg et fantastisk svar, og jeg gir all ære til ham for at han kom med det. Jeg sa: «Hør, det er djevelen som ikke liker bråket fordi vi priser Jesus. Du har to valg. Hvis du går nå, vil djevelen gå med deg. Hvis du blir her, vil djevelen gå uten deg.» Så fortsatte vi å be. Omkring 10 minutter senere, kom han bort til meg igjen og sa: «Den forlot meg akkurat nå: Jeg følte den forlot halsen min.»

Stort sett hadde vi nok i mange andre situasjoner kastet bort mange timer med «å slå i løse luften», fordi vi ikke visste hva vi kjempet mot og hvordan skulle bekjempe det. Nå og da lyktes vi, men våre gode resultater var på langt nær så mange som våre nederlag. Paulus sier at når vi kjemper må vi vite hva vi kjemper mot. Vær spesifikk, identifiser det og vit hvordan det skal håndteres.

Alt vi har sett på i dette kapitlet har å gjøre med selvbeherskelse. Paulus avslutter dette temaet i 1 Kor 9 med disse ordene:

Men jeg legger tvang på mitt legeme og holder det i trelldom, slik at jeg som har forkynt for andre, ikke selv skal bli forkastet.
Vers 27

Visjon er livsviktig

Paulus har gitt oss et bilde av en idrettsmann som ønsker å vinne gullmedaljen. Det er hans ambisjon og hans visjon. For å vinne den medaljen, underkaster han seg den strengeste disiplin. Hvorfor underkaster han seg en slik disiplin? Fordi han har et mål. Han har en visjon. Han ser seg selv løpe fortere, hoppe høyere eller kaste spydet lenger enn andre noensinne har gjort. Hans visjon motiverer ham.

I Ord 29:18 sier forfatteren:

Uten åpenbaring (eller profetiske syn – visjoner) kaster folket fra seg alle hemninger.

En visjon istandsetter oss til å disiplinere oss selv. Har du noen gang prøvd å slanke deg? Har du lykkes? Hvis ikke, kan problemet være at du ikke har en tilstrekkelig klar visjon av deg selv slik du ønsker å være. Hvis du kan forestille deg at du veie mindre, har muskler og at huden din gløde av velvære, kan det hende at visjonen er klar nok til å motivere deg til å gjøre de nødvendige ofrene. Men om du har et uklart syn av hvordan du ønsker å være, vil det ikke motivere deg til å gjøre de nødvendige ofrene.

I flere år var jeg venn med en kvinne som jeg anså til å være den mest suksessrike ballerina i det tyvende århundre. Jeg ble kjent med henne da hun var 16 år gammel og fulgte hennes karriere i noen år. Jeg var ikke overrasket over henne suksess, fordi jeg kjente hennes motivasjon. Alt i livet hennes var underordnet dans. Bøkene hun leste, maten hun spiste, treningsrutinene hun fulgte – alt var rettet mot å bli fremragende i dans. Og det ble hun.

I begynnelsen av vårt vennskap var jeg en temmelig formålsløs student. Men etter at jeg ble kristen har jeg ofte reflektert over hennes disiplin. Min tanke var: *Hvis bare kristne var like motiverte som hun var – hvis de bare hadde en visjon av hva de kunne oppnå slik hun hadde – ville de ikke vingle. De ville ikke bli ført av sted under innflytelsen av samfunnets tidevann.*

Hvis du vil lese Guds ord – virkelig granske det – vil du få en visjon. Bibelen sier at når vi gransker Guds ord og ser Guds herlighet, vil vi bli forvandlet til det samme bilde, fra herlighet til herlighet. Men i dagens verden bruker vi altfor mye tid foran TV og altfor lite tid foran en åpen Bibel. Det er så mye av det vi finner i de ideene som omgir oss som ikke motiverer oss på rett måte. Det trengs en forandring.

Det er umulig å være en kristen uten å ofre noe. Vi må kanskje ofre noe av det vi vanligvis gjør og de lite oppbyggelige måtene vi bruker tiden på, noe som bare motarbeider vår visjon og vårt mål om å bli mer lik Jesus.

Stå imot "døråpnerne"

Når vi snakker om selvdisiplin, tenker alle på kjødelige lyster. Jeg må si at de fleste av oss helt sikkert har noen problemer på det området. Det er temmelig tragisk at er det er mange som prøver å gå ned i vekt i den vestlige verden, eller i det minste prøver å unngå å gå opp i vekt, mens det i andre deler av verden er mennesker som ikke har nok å spise. Det er en tragedie.

Men det er mange andre områder vi trenger å kontrollere, i tillegg til vår appetitt. Tenk på vårt humør. Vi har ikke lov til å gi etter for sinne, nag, bitterhet, selvmedlidenhet eller depresjon. Vi må ikke tillate oss det. Dette er mer dødelig enn kjødelige lyster. Gi ikke etter for humørsvingninger. Jeg tror det er noe i veien med humørsyke personer. Jeg tror de er i åndelig ubalanse.

Etter hendelsen i Bayswater (der ektemannen ble befridd under vårt «støyende» bønnemøte), kastet Gud meg ofte inn i en tjeneste der jeg måtte ta hånd om mennesker som trengte utfrielse fra demoner. En av de interessante sannheter jeg lærte var at visse demoner er «døråpnere» - de kommer inn og åpner døren for andre. To av de viktigste døråpnerne er harme og selvmedlidenhet. Lukk ikke opp for dem. Du kan bestemme deg. Bruk viljen din og begynn å prise Gud i stedet for å synes synd på deg selv. Begynn å sitere Guds løfter.

Lik alle andre, har jeg utviklet et sett med mentale vaner. Med det mener jeg, at jeg har visse tankemønstre som går tilbake til lengre før jeg ble frelst, og de de dukker fremdeles frem i mitt sinn. Men jeg har oppdaget en måte å møte det på som jeg vil dele med deg og som kanskje kan være til hjelp for deg. Den er basert på 2 Kor 5:17-18:

Derfor om noen er i Kristus, er han en ny skapning. Det gamle er forbi. Se, alt er blitt nytt. Men alt dette er av Gud ...

Hver gang disse ørkesløse, negative og lite oppbyggelige mønstrene viser seg, stopper jeg opp og sier: «Jeg er i Kristus. Derfor er jeg en ny skapning. De gamle tingene er borte. Alt er blitt nytt, og alle ting er av Gud.» Jeg har kommet til det punkt der det ikke lønner seg for djevelen å friste meg på den måten, fordi hver gang han frister meg går jeg dypere inn i Guds ord. Men hvis jeg bare lot ham få leke med mine tanker, ville han fortsette å gjøre det.

Hele område med "selvbeherskelse" er en disiplin som vi alle må gi nøye akt på. I min situasjon var den gjengse pinse-læren:

«Jeg er frelst, døpt i vann, døpt i den Hellige Ånd, taler i tunger – jeg har ingen problemer lenger!» Men det er ikke sant. Det vet jeg med sikkerhet, fordi det ikke var sant for meg og heller ikke for den pinsemenigheten jeg var pastor for. Tro meg, deres problemer var ikke over første gang de tale i tunger.

Ikke bare pinsevenner, men alle trenger å disiplinere seg selv og ikke gi etter for humørsvingninger, gale holdninger og begjær. Har du en visjon, vil du være i stand til å gjøre det. Men uten en visjon, vil du miste selvbeherskelsen og ignorere at du trenger selvdisiplin og selvbeherskelse.

Denne byggesteinen vil innebære kamp. Både Ruth og jeg kan vitne om at vi sliter med dette. Vi er på langt nær perfekte. Du må forvente at det vil komme tider med kamp i denne prosessen mot fullkommenhet. Men målet er å fortsette oppover, ikke å gå nedover.

La oss uttrykke dette i en erklæring til Herren, idet vi avslutter dette kapitlet.

Herre, jeg erkjenner at selvbeherskelse er et område som jeg trenger å ta på alvor i mitt liv. Ved ditt ords inspirasjon, setter jeg det frem for meg som en visjon og et mål. Ved din nåde og ved din hjelp, vil jeg ta steg mot deg i området av selvbeherskelse.

KAPITTEL 6

Den fjerde byggesteinen: Utholdenhet

Den neste byggesteinen i Peters liste er nær beslektet med selvbeherskelse:

... selvbeherskelsen med utholdenhet ...   2 Pet 1:6 BS

Som jeg har påpekt tidligere; uten selvbeherskelse vil du aldri være i stand til å holde ut eller tåle. Hver gang det kommer en test, vil du gi etter. Det er derfor jeg benevner disse to byggesteinene sammen som "flaskehalsen" – *selvbeherskelse* og *utholdenhet*. Inntil du klarer å komme gjennom den flaskehalsen, er du ikke i stand til å gå videre i utviklingen til de neste tre nivåer.

I en periode av vårt liv, gikk Ruth og jeg gjennom en svært vanskelig tid som varte i godt over to år. Jeg sa til Ruth: "Dette er ikke en kamp – det er en krig." Under den tiden, satte vi oss ned og spurte oss selv: "Hva har Gud til hensikt å gjøre i våre liv?" Vi kom til den konklusjon at i Ruths liv var Guds hensikt utholdenhet, og i mitt liv var det *tålmodighet.*

Som en aktiv, viljesterk person, har det ikke vært lett for meg å unnskylde de som er svake. Hele mitt liv har jeg presset meg fremover, noe jeg ikke angrer på. Jeg er glad jeg gjorde det. Men du kan ikke bare ignorere de svake.

Ruth hadde vært fysisk svak, men på mange andre måter hadde hun vært ekstremt sterk. Men Gud arbeidet i oss ved det vi gikk igjennom. Vi kom til denne konklusjon: Det er bare én måte å lære utholdenhet på – det er å holde ut.

Du må ikke tro at du kan lære det på noen annen måte. Hvis du spør: "Hvorfor må jeg gå gjennom dette, Herre?", vil han si: "Fordi jeg lærer deg utholdenhet." Du vil bli fristet til å spørre: "Er det ikke noen annen måte, Gud?" Men du vil høre ham svare: "Nei, det er ingen annen måte. Det er den eneste måten. "

Hvis du går gjennom en lignende kamp akkurat nå, må du ikke bli motløs. Gud er fortsatt på tronen. Han arbeider med deg. Husk at Gud har evigheten i sikte. Jeg har kommet til følgende konklusjon: Gud vil ikke at vi for alltid skal gå glipp av det minste fragment av evigheten. Han arbeider alltid for evigheten.

Utholdenhet tar tid

Jeg kjente en gang en meget vellykket ung leder for et voksende arbeid i USA. Kort tid etter at hans sønn ble født kom jeg tilfeldigvis hjem til dem, og jeg ba over denne lille gutten og viet ham til Herren. Da han vokste opp, ble det konstatert at han var skjeløyd. Øyelegen sa det var ingen råd for det. Det var ingenting de kunne gjøre. Han måtte bruke korrigerende briller hele sitt liv.

Men Herren ga dem et bibelvers, Salme 84:8: "De går fra kraft til kraft. Hver og en stiller seg frem for Gud på Sion." Ikke *fra svakhet til svakhet*, men fra kraft til kraft. Kontinuerlig i syv år, proklamerte de dette løfte fra Gud, fra styrke til styrke. Resultatet er at denne gutten nå er fullstendig helbredet. Legen sier han ikke lenger trenger briller. Men det tok syv år.

Forbli tilkoplet

Hvis du går til et helbredelsesmøte og du blir bedt for, men du ikke ser noen resultater, kan du si: "Jeg ble ikke helbredet." Men kanskje helbredelsen hadde begynt. Kanskje du må holde ut for å motta din helbredelse. Hvor lenge? Bare Gud vet. Ikke alle helbredelser skjer momentant, mange helbredelser er progressive. Men hvis du ikke holder ut, kan du miste den eller ikke kommer inn i den helbredelsen som venter deg.

Jeg tror, i henhold til Skriften, at det starter en helbredelse for alle som de eldste legger hendene på i tro og med salvelse. Det er hva Guds ord sier. Men mange får ikke en endelig eller permanent helbredelse fordi de ikke holder ut.

Når jeg ber for folk og jeg ser at Gud har berørt dem fysisk, sier jeg, "Nå virker Guds kraft i kroppen din. Forbli bare tilkoplet "kraftuttaket", og du vil bli helbredet. "Når de spør meg hvordan de skal forbli tilkoplet, sier jeg: "Ved å takke Gud. Bare fortsett å takke ham og takke ham og takke ham. "

Første gang jeg møtte Ruth, i 1977, var hun invalid, med brudd i en rygghvirvel. Som en barmhjertighetshandling, besøkte jeg henne og ba for henne – uten å vite hva det skulle føre med seg! Dette skjedde i juni, og jeg visste at Gud hadde berørt henne. Så jeg sa: "Gud har berørt deg; hold deg tilkoplet". Hun er et av mine eksempler. Hun holdt seg tilkoplet til november, hver dag takket hun Gud for at hans helbredende kraft virket i kroppen hennes! Flere måneder senere, i et møte i november, ble hun momentant og permanent helbredet. Men hun måtte holde seg tilkoplet i ca. 5 måneder. Mange mennesker ville ha trukket ut kontakten og sagt: "Vel, jeg ble ikke helbredet." Når du sier. "Jeg ble ikke helbredet," trekker du ut kontakten. Du kopler deg fra kraften.

Å gå videre i håp

Selvbeherskelse og utholdenhet er flaskehalsen. Før du kommer gjennom dem, kan du ikke gå videre. Kanskje vi kort skal se på noen skriftsteder for å oppmuntre oss. Vi begynner i Heb 06:11:

Og vi ønsker at hver enkelt av dere viser den samme iver for håpets fulle visshet helt til det siste, så dere ikke blir sløve, men er etterfølgere av dem som arver løftene ved tro og tålmodighet.   *Versene 11-12*

Legg merke til ordet iver og også uttrykket "helt til det siste." Med andre ord, stopp ikke for tidlig. Nok en gang; det er ikke tilstrekkelig bare å ha tro. Du trenger tro og tålmodighet.

*For da Gud gav løftet til Abraham, sverget han ved seg
selv, siden han ikke hadde noen større å sverge ved. Og
han sa: «Sannelig, jeg vil rikelig velsigne og rikelig
mangfoldiggjøre deg». Og så, etter at han tålmodig hadde
holdt ut, oppnådde han det som var sagt i løftet.*

Versene 13-15

Hvor lang tid tok det? 25 år! Tenk på de utallige gangene
han må ha blitt fristet til å tvile eller å si: "Dette kommer ikke til
å fungere." Gud lot ham bli 99 år gammel før han fikk den lovede
sønnen. Det er tålmodighet. Og husk, Abraham er far til alle som
tror. Vi er barn av Abraham dersom vi vandrer i troens fotspor etter
vår far Abraham. Hva var hans spor? Tro og tålmodighet.

Det står mye om disse prinsippene i Hebreerbrevet, så la oss
se på Heb 10:36:

*For dere trenger utholdenhet, for at dere, etter at dere
har gjort Guds vilje, kan få del i løftet.*

Det er et gap mellom å gjøre Guds vilje og å motta løftet.
I dette gapet kan du gjøre to ting. Du kan holde kontakten, eller
avbryte den. Hvis du bryter kontakten, får du ingenting. Hvis du
holder kontakten, får du alt. Hva er det Gud tester? Din utholdenhet.
I Heb 12:1 leser vi:

*Derfor skal også vi, siden vi er omgitt av en så stor sky
av vitner, legge av enhver byrde og synden som så lett
fanger oss, og løpe med utholdenhet i den kampen som
er lagt foran oss.*

Det kristne livet er ikke en sprint. Det er ikke et byks. Jeg
tror du snarere kan si det er en maraton. Mange starter veldig raskt,
men passerer aldri målstreken. Det som trengs er utholdenhetens
byggestein.

La oss avslutte dette kapitlet med følgende enkle proklamasjon:

Herre, jeg kommer ikke til å gi opp. Med din hjelp vil jeg holde kontakten med deg, og jeg vil fortsette å holde ut. I Jesu navn. Amen.

KAPITTEL 7

Den femte byggesteinen: Gudsfrykt

V i går nå tilbake til 2 Pet 1:6 for å studere den neste byggesteinen som skal på plass på vår vei mot fullkommenhet:

... utholdenheten med gudsfrykt ...

Gudsfrykt har et "nærvær"

Hvor mange av oss hører ordet gudsfrykt nevnt i dag? Det har nesten falt ut av vårt vokabular. En årsak til det er at det finnes så lite av det i verden i dag. Når du er sammen med en som utviser gudsfryktens karaktertrekk, får vedkommende deg til å tenke på Gud. Det er min definisjon av gudsfrykt. En slik person fører Guds nærvær med seg.

Jeg vil i korthet berette om noe som skjedde mens jeg var i den britiske hæren. Jeg prøver ikke å stille meg selv frem som et eksempel på gudsfrykt, men jeg vil rett og slett bruke dette som en illustrasjon. Etter at jeg ble frelst, tilbrakte jeg de neste fire og et halvt år i hæren. Hæren er på ingen måte det vanskeligste stedet å være en kristen, men det er absolutt ikke det letteste stedet heller. Men i løpet av den tiden skjulte jeg aldri mitt vitnesbyrd, og jeg har aldri gått på akkord med min tro på Jesus Kristus.

Kort tid før jeg dimitterte i Jerusalem, hadde jeg ansvaret for sykehusets mottak på Oljeberget. Har du vært i Jerusalem, var det som nå er et luthersk sykehus, på den tiden "No. 16 British General Hospital". Jeg var korporal, og det var en ung soldat, en visekorporal, som tjente under meg. I løpet av den tiden vi tjenestegjorde sammen, hadde jeg aldri sagt noe til ham om Herren eller om evangeliet.

Så var det en dag det var tre eller fire personer på kontoret i mottaket, og i samtalens løp, bannet denne visekorporalen og kom med et spesielt skittent uttrykk. Umiddelbart så han på meg, rødmet, og sa: «Jeg beklager, korporal Prince, jeg visste ikke at du var her." Du forstår, jeg hadde aldri sagt noe til ham om Gud, verken før eller senere. Men mitt nærvær gjorde ham oppmerksom på at det er en Gud som har visse normer. På en måte tror jeg at det er dette Gud mener med gudsfrykt.

I 1 Tim 4:7-8 gir Paulus disse instruksjonene til Timoteus:

Men forkast de verdslige gamle koners eventyr, og oppøv deg til gudsfrykt. For legemlig øvelse er nyttig til noe, men gudsfrykt er nyttig til alle ting, og den har løfte både for dette livet som er nå og for det som kommer.

Styrket i gudsfrykt

I dette verset vil jeg påpeke at Paul antydet for Timoteus at gudsfrykt innebærer øvelse. Han sa: "Oppøv deg til gudsfrykt." Jeg tror vi alle har et begrep om hva trening er. Du står opp om morgenen og går gjennom et treningsprogram. (Noen av dere gjør ikke noe. La meg bare legge til at med tiden vil det gjøre noe med deg! I løpet av min levetid har jeg lært at hvis du forsømmer kroppen din, vil det før eller senere vises på deg.)

Det jeg sier her er at gudsfrykt er noe du oppnår ved trening. Gudsfryktens "muskler" kan styrkes ved trening. Gudsfryktens holdninger kan ikke oppnås uten trening.

Hvilke øvelser vil frembringe gudsfrykt? Her har jeg laget en kort liste:

1. Bønn. Bønn er en øvelse som kan gi gudsfrykt.

2. Bibelstudium.

3. **Memorere Skriften**. La meg anbefale at du gjør det til en vane. Det er en av de viktigste kildene du kan bruke for å styrke deg.

Vi leste en gang en bok om kulturrevolusjonen i Kina, med tittelen Kirken i Kina, av Carl Lawrence. Det var en meget avslørende bok. Forfatteren poengterte dette: Under den mest intense forfølgelsen under kulturrevolusjonen, ble alle fratatt sine Bibler, og kristne ble kastet i fengsel, torturert og drept. Av de som ble fengslet og torturert, var de eneste kristne som holdt ut de som hadde lært Skriften utenat. De andre enten fornektet troen, forrådte sine trosfeller, ble gale eller begikk selvmord. De eneste som hadde styrke til å stå fast var de som hadde memorert Skriften.

Tenk deg at du hadde fått 20 års fengsel, og ikke hadde en Bibel med deg. Hvor mye vil du huske på slutten av det første året? Hvem vet når du og jeg kan bli utsatt for et slikt press? Tro ikke at det aldri kan skje deg, for det kan det.

4. **Meditasjon**. Etter memorering nevner jeg vanligvis meditasjon. Søk opp dette temaet i Bibelen en gang og les alle de løftene som ble gitt til dem som mediterte på Guds ord. Det er klart at du ikke kan meditere på noe du ikke har lært utenat. Ordet må først være i tankene dine for å kunne meditere på det.

5. **Faste**. En annen form for disiplin, som jeg tror er bibelsk, er faste. La meg påpeke at Jesus ikke sa til sine disipler: "Hvis du faster." Han sa: "Når du faster" (se Mat 6:16-18). Han antok at de ville gjøre det. Her er min konklusjon ut fra Skrift og erfaring: Det er visse mål i det kristne livet som er Guds vilje, som du aldri vil oppnå uten faste. (Jeg kunne nevne mye mer om faste, men i forbindelse med dette heftet, er det tilstrekkelig.)

La meg bare repetere listen av øvelser til gudsfrykt:

Bønn
Bibelstudium
Memorere Skriften
Meditasjon
Selvfornektelse i form av faste

Når det gjelder den tiden vi lever i, advarer Skriften oss om et spesielt ekstra behov for gudsfrykt i 2 Peter 3:11:

Derfor, siden alt dette skal gå i oppløsning, hvor mye mer bør dere da ikke holde ved i en hellig ferd og gudsfrykt.

På den annen side, får vi i Juda brev et bilde av folk som er oppslukt av denne verden i de siste dager:

Enok, den sjuende etter Adam, profeterte også om disse menneskene og sa: "Se, Herren kommer med ti tusener av sine hellige for å holde dom over alle, for å refse alle ugudelige blant dem for alle deres ugudelige gjerninger som de har begått på ugudelig vis, og for alle de harde ord som de ugudelige synderne har talt imot ham."
Versene 14-15

Hvilket ord forekommer fire ganger? Ugudelige. Hva er derfor det karakteristiske trekket ved slutten av denne tidsalder? Ugudelighet. Har du bodd lenge nok i din kultur til å se en enorm økning av ugudelighet i din levetid? Da tror jeg du sannsynligvis vil være nødt til å svare bekreftende på det spørsmålet. Midt i ugudelighet må vi utvikle gudsfrykt. Vi må være fast bestemt på å være annerledes, men det krever øvelse.

La oss nå fortelle Herren at vi er villige til å ta det skrittet:

Far, jeg ønsker å se gudsfrykt komme inn i livet mitt i en mye større grad. Jeg ønsker å fremstille din karakter og ditt nærvær for de rundt meg.

Herre, jeg bestemmer meg nå for å starte med den nødvendige "øvelse" for at dette skal skje. Hjelp meg og styrk meg når jeg nå tar dette skrittet. I Jesu navn. Amen.

KAPITTEL 8

Den sjette byggesteinen: Søskenkjærlighet

Vi har nå kommet til den sjette byggestein: Søskenkjærlighet (omsorg). Hvem er våre søsken? Våre trosfeller. Med andre ord, det vi fokuserer på i dette kapitlet er vår omsorg for våre medkristne.

Ved første øyekast kan dette virke enklere enn noen av de andre byggesteinene vi har studert. Jeg tror imidlertid at jo lenger vi kommer i denne "fullkommenhets-prosessen", desto vanskeligere blir det. Jeg håper du vil bli oppmuntret når jeg sier at for meg var det en lettelse å innse at det ikke alltid er lett å vise søskenkjærlighet. Vi antar at alle elsker sine medkristne, men sannheten om dette er, at det ikke alltid er slik.

Hvis du er en ganske ny troende, vil sannsynligvis en av de mest alvorlige prøvelsene du noensinne vil møte i din kristne vandring være måten du kan bli behandlet på av noen av dine trosfeller. Du tror alle kommer til å elske deg, behandle deg vennlig, være rettferdig mot deg og aldri baktale deg. Dessverre er det bare ikke slik, og det kan være svært annerledes enn hva du forventer.

Overraskende nok, på tross av den dårlige behandlingen vi kan oppleve, må vi likevel elske dem. La oss være realistiske; det er ikke alltid lett å ha en kjærlig holdning. La meg lese noen ord av David i Salme 55 for deg. Jeg ønsker å innprente dette i deg, spesielt hvis du er en yngre troende som sliter med måten du har blitt behandlet på av eldre kristne. Du må fortsatt elske dem, og det er testen. Lytt til Davids erfaring i Salme 55:

For det er ikke en fiende som håner meg, da kunne jeg ha båret det. Det er heller ikke en som hater meg, som har opphøyet seg mot meg; da kunne jeg gjemme meg for ham. Men det var du, min likemann, min nære venn, en som kjente meg. Vi hadde fortrolig samfunn og vandret til Gud hus med festeforsamlingen. Versene 55:13-15

David sier til noen som står ham nær: "Det er du som forrådte meg. Det er du som baktalte meg. Det er du som sviktet meg. "

Hvis du noen gang har følte seg sviktet av noen du stolte på, vet du hvor smertefullt det er. Si ikke at det ikke smerter – det gjør det.

Men jeg gjentar: Vi skal fortsatt elske dem. Og Gud har gjort dette mulig gjennom den nye fødsel. La oss lese dette i 1. Peters brev:

Ettersom dere i lydighet mot sannheten ved Ånden har renset deres sjeler til oppriktig broderkjærlighet, så elsk hverandre inderlig av et rent hjerte, dere som er gjenfødt, ikke av forgjengelig sæd, men uforgjengelig, ved Guds ord som lever og blir til evig tid. 1 Pet 1:22-23

Vær oppmerksom på at kjærlighet til våre søsken kommer gjennom lydighet. Det er den nye fødsel som gjør det mulig for oss å elske våre trosfeller. Hvis vi ikke hadde blitt født på ny, ville det ikke vært mulig. Det betyr ikke at det alltid er lett. Men det er mulig.

Et nytt bud

Hvis vi er interessert i evangelisering, la oss huske på at den beste metoden for å evangelisere verden er at kristne behandler hverandre med kjærlighet og vennlighet. Det er ingen måte å evangelisere på som overgår det. I Joh 13:34-35 sier Jesus:

"Et nytt bud gir jeg dere, at dere skal elske hverandre. Slik jeg har elsket dere, skal dere elske hverandre."

Legg merke til at dette ikke er en anbefaling – det er et bud. Hvis vi ikke gjør det, er vi ulydige. Deretter sier Jesus:

58

"Av dette skal alle forstå at dere er mine disipler, om dere har kjærlighet til hverandre."

Det som vil tale til den verden som observere oss er synet av kristne som elsker hverandre. Det er det eneste vitnesbyrdet som vil nå hele verden.

La oss ikke snakke om evangelisering og å nå de fortapte hvis vi ikke er innstilt på å vise kjærlig vennlighet til våre trosfeller. Jeg tror du er i enig i at når du snakker til de ufrelste om å bli kristne, er et av de første argumentene de vil rette mot kristendommen den splittelsen og kranglingen de ser i kirken.

Jeg husker at jeg en gang talte med en jøde om Jesu krav. Han sa: "Hvis jeg blir medlem i kirken, hvilken kirke skal jeg bli med i?" På den tiden, var Jerusalem trolig splittelsens sentrum. I flere år hadde alle kristne grupperinger i Jerusalem vært i krig med hverandre. I Den hellige gravs kirke, måtte den israelske hæren hindre de gresk-ortodokse og de romersk-katolske fra å slåss mot hverandre om retten til kontrollen av kirken. Hvordan ville israelerne være i stand til å kunne tro på søskenkjærlighet blant kristne i et slikt miljø? Det er derfor vi har fått "et nytt bud".

Føler du deg utfordret utover din evne til å håndtere denne byggesteinen? Hvorfor kan ikke vi bare legge det frem for Herren, som en avslutning av dette kapitlet?

Kjære Herre, jeg synes denne byggestein er utenfor min rekkevidde. Jeg er arbeider fortsatt med de skadene jeg har fått fra trosfeller, og jeg bringer dem igjen til deg for helbredelse og gjenopprettelse. Vil du hjelpe meg, Herre, til å elske mine søsken i Kristus. For hans skyld. Amen.

KAPITTEL 9

Den syvende byggesteinen: Kjærlighet

Endelig, kommer vi til den siste byggesteinen. I 2 Pet 1:07 BS får vi beskjed om å legge "kjærlighet til alle" til "søskenkjærligheten (omsorgen)". Kan du gjette hva dett ordet "kjærlighet" er på gresk? (Vi har nevnt det tidligere.) Det er agape.

Agape-kjærlighet er høydepunktet. Det er ikke det du starter med – det er det du avslutter med. Sukker du lettet? Kanskje du ennå ikke har oppnådd det fullt ut, men det er en måte å gjøre det på. Vi kan ta noen skritt.

Hva er agape-kjærlighet? Det er Guds kjærlighet. Det er beskrevet for oss i et vakkert avsnitt i Rom 5.

For da vi ennå var skrøpelige, døde Kristus til fastsatt tid for ugudelige. ... Men Gud viser sin kjærlighet til oss ved at Kristus døde for oss mens vi ennå var syndere. ... For om vi ble forlikt med Gud ved hans Sønns død da vi var fiender, skal vi så mye mer bli frelst ved hans liv etter at vi er blitt forlikt.   Rom 5:6, 8, 10

Legg merke til hva vi var da Kristus døde for oss. Vi var skrøpelige, ugudelige, syndere og fiender. Likevel elsket han oss. Det forteller oss så mye om Guds kjærlighet.

Du forstår, det er dette Jesus snakket om i Mat 5, i Bergprekenen, der vi begynte denne studien tilbake i første kapittel. Jesus sa til folket: "Dersom dere bare elsker dem som elsker dere, hvilken lønn har dere da? Dersom dere bare gjør godt mot dem som gjør godt mot dere, hva er det da som gjør dere forskjellig fra andre mennesker? Selv syndere behandler syndere slik " (se Mat 5:43-48).

Kjennetegnet på oss kristne er å elske våre fiender; å gjøre godt mot dem som gjør ondt mot oss; å elske dem som hater oss; å velsigne dem som forbanner oss. Det er det betyr å være fullkommen. Det er å handle rett i din omgang og ditt forhold til alle mennesker. Det er å være som Gud, som sender sin sol og sitt regn over rettferdige og urettferdige.

Praktiske måter å elske på

I Rom 12:9-21, lister Paulus opp forskjellige prinsipper som burde styre kristen oppførsel. I vers 9 begynner han med den aller viktigste motivasjonen: "La kjærligheten være uten hykleri." Alle de andre instruksene som følger er bare forskjellige måter som kristen kjærlighet uttrykker seg på.

La kjærligheten være uten hykleri. Avsky det som er ondt. Hold dere til det som er godt! Vær elskverdige og kjærlige mot hverandre i søskenkjærlighet, vær fremst i dette å vise de andre ære! Vær ikke trege i å vise iver, være brennende i ånden og tjen Herren! Gled dere i håpet, vær tålmodige i trengselen og vær fast utholdende i bønnen! Del ut ettersom de hellige trenger, legg vinn på gjestfrihet! Velsign dem som forfølger dere, velsign og forbann ikke! Gled dere med dem som gleder seg, og gråt med dem som gråter! Ha samme sinn overfor hverandre! Trakt ikke etter det høye, men hold dere gjerne til de lave! Vær ikke selvkloke! Gjengjeld ikke noe ondt med ondt! Legg vinn på det som er godt overfor alle mennesker! Hvis det er mulig, og så langt det står til dere, skal dere leve fredelig med alle mennesker! Dere kjære, ta ikke hevn selv, men gi heller rom for vreden! For det står skrevet: «Hevnen er min, jeg vil gjengjelde», sier Herren. Derfor, "Hvis din fiende er sulten, gi ham mat. Hvis han er tørst, gi ham å drikke! For ved å gjøre det, samler du glødende kull på hodet hans" (Ord 25:21-22). Bli ikke overvunnet

av det onde, men overvinn det onde med det gode!
Rom 12:9-21

Kilden til alt kristent levesett er kjærlighet, derfor begynner Paulus i Rom 12:9 å snakke om oppriktig kjærlighet, som alt annet strømmer ut fra. Han snakker ikke om et regelverk du må følge. Det er veiledning for hvordan du skal utøve den kjærligheten som Gud har lagt ned i ditt hjerte. Kan du se forskjellen?

Tenk deg at du prøver å vanne en stor hage med en vannkanne. Gang på gang må du gå tilbake til vannkranen og så bære vannet ut. Du går frem og tilbake og blir varm, svett og sliten. Det er ikke så bra. Så er det en som sier: "Hvorfor ikke bruke en slange? Fest den til kranen, ta munnstykket i hånden, og alt du må gjøre er å dra med deg slangen." Du kan lede vannet dit det er nødvendig. Det er det Paulus sier her. Han viser hvordan du skal lede vannet – kjærligheten som Gud har lagt ned i ditt hjerte. Ikke gjør det til et sett med regler. Led bare den strømmen av kjærlighet som Gud har gitt deg.

Hvordan kan vi elske på en praktisk måte? Fra dette avsnittet i Rom 12, har jeg satt opp en liste med 12 handlinger til hjelp for oss i prosessen, og vi vil i korthet behandle hvert punkt. I hovedsak vil de hjelpe oss med "å feste slangen til kranen".

1) Hat det onde og elsk det gode.

Avsky det som er ondt! Hold dere til det som er godt!
Rom 12:9

Hat det onde, elsk det gode. Ingen nøytralitet. Salme 45:8 er et profetisk skriftsted om Jesus som Messias:

Du elsker rettferdighet og hater ugudelighet. Derfor har Gud, din Gud, salvet deg med gledens olje fremfor dine brødre.

Hvorfor salvet (velsignet) Gud Jesus? Fordi han elsket rettferd og hatet ugudelighet (synd). Du kan ikke være nøytral når det gjelder det onde hvis du elsker Gud og elsker rettferdighet.

Salme 97:10 sier: "Dere som elsker Herren, hat det onde!" De som elsker Herren, kan ikke gå på kompromiss med det onde.

2) Innvie deg, og foretrekk andre.

Vær elskverdige og kjærlige mot hverandre i broderkjærlighet, vær fremst i dette å vise de andre ære! Vers 10

Vær varmhjertet mot hverandre og gi hverandre ære. Gi mer ære til andre mennesker enn du søker for deg selv. Jeg pleide å ha store problemer med dette prinsippet, fordi jeg tenkte for meg selv: «Hvordan kan jeg hedre noen som jeg mener ikke er så god som jeg er?" (Selvfølgelig, har aldri du hatt det problemet.) Så fikk jeg øye på det Paulus skriver i 2 Kor 10:12, der det står at "de som måler seg selv etter seg selv og sammenligner seg med seg selv, er ikke vise". Jeg innså at det bare er én målestokk, og det er Jesus. Når du sammenligner deg med ham, er det lett å foretrekke andre mennesker.

3) Vær ivrig.

Vær ikke trege i å vise iver, vær brennende i ånden og tjen Herren! *Vers 11*

Som vi sa tidligere, kan du søke i Bibelen og ikke finne ett godt ord om latskap. Drukkenskap er synd, men latskap er en mye verre synd. Faktisk blir latskap dømt mye strengere enn drukkenskap. Vet du hva latskap er? Ifølge den romersk-katolske kirken er det en dødssynd.

4) Tjen Herren lidenskapelig.

Den andre delen av vers 11 handler om å tjene Herren med lidenskapelig overgivelse. Jeg elsker uttalelsen av datteren til William Booth, Catherine, som sa: "Jesus elsker oss lidenskapelig og han ønsker å bli elsket lidenskapelig". Still deg selv dette spørsmålet: Elsker jeg Herren lidenskapelig? Én ting jeg kan si om min kone, Lydia, var at hun elsket Herren lidenskapelig. Hun elsket Herren med en lidenskapelig hengivenhet. Det er svært lite oppriktig lidenskap i menigheten i dag, men vi trenger det desperat.

5) Gi sjenerøst; vær gjestfrie.

Del ut ettersom de hellige trenger, legg vinn på gjestfrihet! Vers 13

Jeg ville oversette dette verset slik: "Del med andre troende, praktiser gjestfrihet." Visste du at gjestfrihet er en tjeneste? Gud kan ha velsignet deg med den gaven. Kultiver den som en tjeneste og bruk den til Guds ære.

Husker du Jesu råd? Han sa: "Inviter ikke de rike, inviter de fattige, de blinde, folk som ikke kan betale deg tilbake." Hvorfor? Grunnen Jesus gir er herlig: Fordi du vil få din belønning i oppstandelsen. Du forstår, hvis du får din belønning nå, vil du ikke få noe da. Hvis du går glipp av din belønning nå, venter den på deg i den kommende tidsalder.

6) Velsign dine fiender i stedet for å forbanne dem.

Velsigne dem som forfølger dere, velsign og forbann ikke! Vers 14

Hvor lett synes du det er å velsigne dem som forfølger deg? I min bok, «Velsignelse eller forbannelse: Valget er ditt», behandlet jeg dette temaet. I løpet av den tiden jeg skrev den boken, lot ikke Gud meg fullføre den før jeg hadde gjort det til en vane å tilgi og velsigne folk som hadde gjort noe mot meg. Jeg kan bekrefte at det løftet meg til et nytt nivå. Når det gjaldt dem som hadde vært slemme, uvennlig og ubarmhjertig, ville jeg si: "Herre, jeg tilgir dem. Og når jeg nå har tilgitt dem, velsigner jeg dem i ditt navn. "

Du vil uunngåelig oppleve litt kritikk, noen som er imot deg. Men et av dine største privilegier som en kristen er å velsigne. Det er en gudfryktig vane å velsigne.

Når jeg tenker på temaet velsignelse, tenker jeg på kvinnen med alabastkrukken med meget kostbar nardussalve. Denne kvinnen salvet Jesus med den kostbare salven som var verdt omtrent en årslønn. Og hva skjedde? Folk kritiserte henne. Ikke desto mindre, fikk de kjenne duften av salven. Du kan være en som bringer "vellukt" inn i folks liv. De kan kritisere deg, men likevel får de kjenne duften. Husker du hva Jesus sa om denne kvinnen? Han sa: «La henne være. Slutt å kritisere henne. Hun har gjort en god gjerning. Og hvor som helst dette evangeliet blir forkynt, skal det hun har gjort bli fortalt" (se Mark 14:3-9).

Det er denne holdningen Gud har overfor dem som utøser parfyme. Velsignelse er å utøse parfyme, og når du velsigner mennesker, vil du spre duften rundt deg fra da av og fremover.

7) Ta del i andres gleder og sorger.

Gled dere med dem som gleder seg, og gråt med dem som gråter!   Vers 15

Igjen ønsker jeg å rose min kone, Lydia, ved å si at hun har gått foran med et vidunderlig eksempel på det. Hun gledet seg med de glade og hun kunne sørge med de sørgende. Jeg kan ikke si at jeg har utmerket meg i dette.

Det virkelige problemet er selvopptatthet. Du kan egentlig ikke glede deg med dem som gleder seg og gråte med dem som gråter før du har lagt din selvopptatthet bak deg. La meg advare deg: Hvis du vil ha en sikker oppskrift på ulykkelighet – dyrk din selvopptatthet. Den sysselen vil garantere deg et ulykkelig liv.

8) Kvitt deg med stolthet.

Ha samme sinn overfor hverandre! Trakt ikke etter det høye, men hold dere gjerne til de lave! Vær ikke selvkloke!
Vers 16

Denne formaningen er like medfølende som rådet angående dem som gleder seg og dem som gråter. Jeg vil gi deg "Prince-versjonen" av vers 16: «Lev i harmoni, vær ydmyk, ikke innbilsk eller arrogant. Og fremfor alt, unngå stolthet." Salomos ordspråk forteller oss at fra stolthet og overmot kommer bare strid (Ord 13:10). Den største årsaken til krangel og uenighet er stolthet.

9) Opptre rettferdig overfor andre.

Gjengjeld ikke noen ondt med ondt! Legg vinn på det som er godt overfor alle mennesker! Vers 17

Kjærlighet betyr at du opptrer rettferdig overfor mennesker, og du tar ikke hevn når du blir behandlet urettferdig.

10) Vær en fredsstifter.

Hvis det er mulig, og så langt det står til dere, skal dere leve fredelig med alle mennesker! Vers 18

Realistisk sett kan du ikke ha fred med alle, fordi noen mennesker nekter å slutte fred. Men så langt som det står til deg, skap fred og hold fred med alle. Det vil være gunstig for ditt fordøyelsessystem.

Vet du hvor mange ganger magene våre knyter seg fordi vi har blitt ergerlige, bitre og utilgivelige? Ordet for «fred» på hebraisk, sjalom, betyr egentlig "fullstendighet". Det er et vakkert ord. Når du bringer fred, får du fred.

11) Ta ikke hevn.

Dere kjære, ta ikke hevn selv, men gi heller rom for vreden! For det står skrevet: «Hevnen er min, jeg vil gjengjelde», sier Herren. Vers 19

Paulus bruker noen svært skremmende ord i dette verset. Han sier: "Gi rom for Guds vrede." Det er en skremmende tanke. Hvis du ikke hevner deg, kommer Gud til å hevne deg. Hva ville jeg foretrekke? Et menneskes handlemåte eller Guds handlemåte?

Jeg ville ikke være redd for et menneske som forsøkte å hevne seg. Men hvis Gud overtar vedkommendes sak, er det skremmende utsikter. Du kan ikke gjøre noe mer skremmende enn å trekke deg tilbake og si: "Jeg vil ikke hevne meg. Gud vil ta seg av deg. "

12) Overvinn det onde med det gode.

Bli ikke overvunnet av det onde, men overvinn det onde med det gode! *Vers 21*

Hvordan gjør vi det på en praktisk måte? Som avslutning på dette hefte, vil vi undersøke dette verset nøyere. Men som du vil se, er det beste rådet ganske enkelt å svare i motsatt ånd. Med andre ord, forsøk ikke å ta opp kampen med ubehagelige mennesker på deres nivå. Møt hat med kjærlighet. Møt bitterhet med vennlighet. Møt sinne med mildhet.

Vet du hvem himmelen er gjort for? For overvinnere – for dem som overvinner det onde med det gode.

Hvilken kjærlighets – kvalitet?

La oss igjen se på hva Paulus sa som avslutning av Rom 12, når vi ser det i sammenheng med agape-kjærlighet:

Bli ikke overvunnet av det onde, men overvinn det onde med det gode!

Når jeg nå avslutter dette heftet, vil jeg fortelle deg noe som du må huske. Det onde vi møter i verden er så kraftfullt at det bare er én makt som er sterk nok til å overvinne det, og det er det gode. Med mindre vi oppnår det Rom 12 underviser oss om, vil vi bli overvunnet av det onde. Uansett hvilken form av ondskap som møter oss, må vi alltid svare med tilsvarende form av det gode.

Det er en kjær bror i Herren, som har vært meget dyrebar for meg, Loren Cunningham. Han lærte dem som lyttet til ham å svare på det onde i motsatt ånd. Når du møter hat, svar med kjærlighet. Når du møter kritikk, svar med ros. Når du møter bitterhet, svare med vennlighet. Overvinn det onde med det gode.

Det er på den måten vi kan overvinne. I dette område av agape-kjærligheten finner du veien til å "være fullkommen".

68

Tid for å be

Gjennom hele min tjeneste har jeg ofte sagt at det ikke var tilstrekkelig for meg bare å holde fine religiøse prekener. I tillegg har jeg alltid villet gi en mulighet til å gi et gjensvar. Den muligheten har du nå.

Jeg er sikker på at du har blitt utfordret når du har lest om disse byggesteinene for et liv som behager Gud og som fører deg mot modenhet. Kanskje du føler deg altfor utfordret akkurat nå, kanskje til og med motløs og tenker at du ikke kan klare det. Som vi sa tidlig, er det umulig å behage Gud ved din egen kraft. Det er da nåde kommer inn. Og det er dit du kan vende deg ved avslutningen av dette heftet. Du kan stole på at Guds nåde hjelper deg.

La oss avslutte denne undervisningen med å be Herren om hjelp. Det du ber om her og nå vil gi deg en ny start som vil endre livet ditt for alltid. Må Gud velsigne deg når du går videre.

Kjære Far,

Jeg har tatt til meg all denne undervisningen, og jeg har lagt merke til alle disse byggesteinene som jeg trenger for mer modenhet i deg. De er alle utenfor min rekkevidde, så jeg kommer til deg. Jeg legger mitt liv i dine hender, og jeg vil stole på deg når det gjelder resultatene. Hjelp meg og styrk meg nå som jeg bestemmer meg for å gå videre i din vilje for mitt liv. I Jesu navn. Amen

Derek Prince: Bøker og bibelmateriell oversatt til norsk :

Send din adresse til sverre@derekprince.no eller

Web: www.derekprince.no   Mobil: 928 39 855

Audio CD-er med norsk tale
Derek Prince undervisning:

1. CD (5 CD-serie)   Kr 380 "Hvordan bekjempe demoner"

2. CD (6 CD-serie)   Kr 250 "Stevnemøte i Jerusalem" - utvidet

3. CD (Dobbel)   Kr 160 "Fra forbannelse til velsignelse"

4. CD (Dobbel)   Kr 140 "Hva Guds ord vil gjøre for deg"

5. CD (Dobbel)   Kr 140 "Israel i Guds ords lys"

6. Lyd-bok (Dobbel-CD)   Kr 140 "Motta det beste fra Gud"

7. Lyd-bok (Dobbel-CD)   Kr 120 "Guds virkemiddel mot avvisning"

8. Lyd bok (Dobbel-CD)   Kr 120 "Den Hellige Ånd"

9. Lyd-bok (Dobbel)   Kr 100 "Trenger tungen din helbredelse?"

10. Lyd-bok (Enkel-CD)   Kr 100 "Guds kraft gjennom proklamasjon"

11. CD "10-års jubileum"   Kr 100 "Helbredelsesmøte Oppdal 1984"

12. CD (Dobbel)   Kr 100 "Guds plan for dine penger"

13. CD (Enkel)   Kr 90 "Frykten for Herren"

14. CD (Enkel)   Kr 90 "Det er dine avgjørelser som teller..."

15. CD (Enkel)   Kr 90 "Overgivelse er hemmeligheten"

16. CD (Enkel)   Kr 90 "Kjærlighet som overgår alt"

17. CD (Enkel)   Kr 90 "Guds vilje for ditt liv"

18. Lydbok (Enkel-CD)   Kr 90 "Guds Medisinflaske"

19. Lydbok (Enkel-CD)   Kr 90 "Guds Farshjerte"

20. Lydbok (Enkel-CD)   Kr 90 "Tilgivelse"

21. Lydbok (Enkel CD)   Kr 30 "Korsets kraft" (Evangelisering!)

Norsk stemme : Sverre kristoffersen (DPM Norge)
Audio CD-ene er nye produkter, innlest i 2012-2014

DVD – video av Derek Prince:

1. "Autoriteten og kraften i Guds ord"   Del 1 & 2

2. "Synd, rettferdighet og dom"   Del 1 & 2

3. "Overvinn skyld, skam og avvisning"   Del 1 & 2 & 3

4. "Grunnlagt på Klippen"   Del 1 & 2

5. "Herrens skatt: Frykten for Herren"   Del 1 & 2

6. "En visjon av hellighet"   Del 1 & 2

7. "Dåpen i vann"   Del 1 & 2

8. "Dåpen i Den Hellige Ånd"   Del 1 & 2 & 3

9. "Gjennom omvendelse til tro"   Del 1 & 2

10. "Tro og gjerninger"   Del 1 & 2

11. "Overføre Guds kraft"   Del 1 & 2

12. "Ved tidsalderens slutt"   Del 1 & 2

13. "Legemets oppstandelse"   Del 1 & 2

14. "Evig dom"   Del 1 & 2

15. "Israel og menigheten – en parallell gjenoppr."
          Del 1 & 2 & 3

16. "Det enestående Israel"   Del 1 & 2 & 3

17. "Israels plass i Guds hensikter"   Del 1 & 2 & 3

18. "Vet du hvor verdifull du er ?"   Del 1 & 2 & 3

19. "Kjærlighet som gir overnaturlig kraft"   Del 1 & 2

20. "Usynlige hindringer for helbredelse"   Del 1 & 2 & 3

21. "Den Hellige Ånds tjenester"   Del 1 & 2

22. "Hva det betyr å være en Guds mann"   Del 1 & 2

23. "Korset i mitt liv"   Del 1 & 2

24. "Basis for profetisk åpenbaring"   Del 1 & 2

25. "Hvordan møte de siste dager uten frykt"   Del 1 & 2

26. "De to innhøstingene"   Del 1 & 2

27. "Hvordan be for Israel"   Del 1 & 2

28. "Å ydmyke seg gjennom faste"   Del 1 & 2

29. "De fire sannheter"   Del 1 & 2

30. "Hvordan bli utfridd fra onde ånder"   Del 1 & 2 & 3

31. "La ditt rike komme"   Del 1 & 2

32. "Oppstandelsen"   Del 1 & 2

33. "Hva det betyr å være en tjener"   Del 1 & 2

34. "Se til faderløse, enker og de fattige"   Del 1 & 2 & 3

35. "Hvordan unngå å bli forført"   Del 1 & 2 & 3

36. "Hans kraft til din rådighet"   Del 1 & 2 & 3

Alle ovenstående DVD-er: Kr 160 (1 t) norsktekstet

37. "Glimt av framtiden" - Kap 1 & 2   (2 t. 05 min) Dobbel-DVD

38. "Fri fra forbannelse" - Kap 1 & 2   (2 t. 05 min) Dobbel-DVD

39. "Basis for utfrielse"- Kap 1 & 2   (2 t. 05 min) Dobbel-DVD

40. "Biografi Derek Prince" 9 deler (3 t. 05 min) Dobbel-DVD

Alle dobbel – DVD-er: Kr 320   +   porto

Forfatterens bakgrunn

Derek Prince ble født i India i 1915 av britiske foreldre. Han ble utdannet i gresk og latin ved to av Storbritannias berømte utdannelsesinstitusjoner, Eton College og Cambridge University. Fra 1940 til 1949 holdt han et universitetsstipendium i oldtids- og moderne filosofi ved King's College, Cambridge. Han studerte hebraisk og arameisk, både ved Cambridge University og ved det Hebraiske Universitetet i Jerusalem. Han talte også flere andre moderne språk.

I de første årene av 2. verdenskrig, da han tjenestegjorde i den britiske hærens sanitet, opplevde Derek Prince et livsforvandlende møte med Jesus Kristus inne på en militærbrakke om natten. Han skrev dette i ettertid om opplevelsen:

Ut fra dette møtet trakk jeg to konklusjoner som jeg aldri siden har hatt noen grunn til å endre:

• at Jesus Kristus lever

• og at Bibelen er en sann, relevant og moderne bok

Disse to beslutningene forandret hele min livskurs, radikalt og permanent.

Ved slutten av krigen ble han værende der den britiske hæren hadde plassert ham, i Jerusalem. Da han giftet seg med sin første hustru, Lydia, ble han far til 8 adopterte jenter i hennes barnehjem. Sammen opplevde de gjenfødelsen av staten Israel i 1948.

Mens de tjenestegjorde som lærere i Kenya, adopterte Derek

og Lydia sitt niende barn, en afrikansk jentebaby. Lydia døde i 1975, og Derek giftet seg igjen med Ruth i 1978. I de senere årene bodde de permanent i Jerusalem, men i desember 1998 døde Ruth. Året etter flyttet Derek, sammen med familien Eliyahu Ben-Haim, inn i en ny leilighet. Etter hvert ble han imidlertid stadig svakere fysisk, til han døde i september 2003, 88 år gammel. Han arbeidet imidlertid i hele denne sykdomstiden på en spesiell bok, "Krig i himmelen", som ble utgitt samme år han døde.

Derek Prince, som ikke tilhørte noe kirkesamfunn eller hadde noen sekteriske tilknytninger, hadde åpne dører for sin undervisning hos folk fra mange forskjellige rasemessige og religiøse bakgrunner. Han var internasjonalt anerkjent som en av de ledende bibeltolkere i vår tid. Hans daglige radioprogrammer: "Nøkler til et fremgangsrikt liv" når utover alle jordens fem kontinenter og er oversatt til arabisk, fem kinesiske språk (mandarin, amoy, kantonesisk, sjanghaiisk og swatowisk), spansk, russisk, mongolsk, madagassisk, samoisk, kroatisk, togisk, dansk og norsk. Han har utgitt mer enn 50 bøker, hvorav mange er oversatt til mer enn 120 forskjellige språk.

Gjennom Derek Prince Ministries verdensomspennende 'Leder program', er hans bøker, DVD- og CD undervisning sendt ut gratis til tusenvis av kristne ledere i den tredje verden, Kina, Øst-Europa og det tidligere Sovjetunionen. Derek Prince reiste over hele verden og gav ut Guds åpenbarte sannhet, bad for syke og plagede og delte sin profetiske innsikt om verdensbegivenhetene i lyset av Skriften. Selv da han passerte 80 år fortsatte han sine reiser.

Det internasjonale hovedkontoret til Derek Prince Ministries er lokalisert i Charlotte, Nord Carolina (USA), med nasjonale hovedkontorer i Singapore, Australia, Canada, Tyskland, Holland, New Zealand, Sør-Afrika, Frankrike, Sveits, Storbritannia og Norge.

Derek Prince Ministries
Offices Worldwide

ASIA PACIFIC
DPM–Asia/Pacific
38 Hawdon Street, Sydenham
Christchurch 8023, New Zealand
T: + 64 3 366 4443
E: admin@dpm.co.nz
W: www.dpm.co.nz and
www.derekprince.in

AUSTRALIA
DPM–Australia
Unit 21/317-321
Woodpark Road, Smithfield
New South Wales 2165, Australia
T: + 612 9604 0670
E: enquiries@derekprince.com.au
W: www.derekprince.com.au

CANADA
DPM–Canada
P. O. Box 8354 Halifax,
Nova Scotia B3K 5M1, Canada
T: + 1 902 443 9577
E: enquiries.dpm@eastlink.ca
W: www.derekprince.org

FRANCE
DPM–France
B.P. 31, Route d'Oupia,
34210 Olonzac, France
T: + 33 468 913872
E: info@derekprince.fr
W: www.derekprince.fr

GERMANY
DPM–Germany
Schwarzauer Str. 56
D-83308 Trostberg, Germany
T: + 49 8621 64146
E: IBL.de@t-online.de
W: www.ibl-dpm.net

NETHERLANDS
DPM Nederland
Postbus 326
7100 VB Winterswijk
Phone: (+31) 251-255044
E: info@dpmnederland.nl
W: www.derekprince.nl

NORWAY
P. O. Box 129 Lodderfjod
N-5881, Bergen, Norway
T: +47 928 39855
E: sverre@derekprince.no
W: www.derekprince.no

SINGAPORE
Derek Prince Publications Pte. Ltd.
P. O. Box 2046 ,
Robinson Road Post Office
Singapore 904046
T: + 65 6392 1812
E: dpmchina@singnet.com.sg
English web: www.dpmchina.org
Chinese web: www.ygmweb.org

SOUTH AFRICA
DPM–South Africa
P. O. Box 33367
Glenstantia 0010 Pretoria, South
Africa
T: +27 12 348 9537
E: enquiries@derekprince.co.za
W: www.derekprince.co.za

SWITZERLAND
DPM–Switzerland
Alpenblick 8
CH-8934 Knonau, Switzerland
T: + 41(0) 44 768 25 06
E: dpm-ch@ibl-dpm.net
W: www.ibl-dpm.net

UNITED KINGDOM
DPM–UK
Kingsfield, Hadrian Way
Baldock SG7 6AN, UK
T: + 44 (0) 1462 492100
E: enquiries@dpmuk.org
W: www.dpmuk.org

USA
DPM–USA
P. O. Box 19501
Charlotte NC 28219,
USA
T: + 1 704 357 3556
E: ContactUs@derekprince.org
W: www.derekprince.org